Vivir en Japón
Vivere in Giappone
Viver no Japão

FOTOS / FOTO RETO GUNTLI / TEXTOS /TESTI ALEX KERR / KATHY ARLYN SOKOL

Vivir en Japón
Vivere in Giappone
Viver no Japão

EDITADO POR / A CURA DI

ANGELIKA TASCHEN

TASCHEN

KÖLN LONDON LOS ANGELES MADRID PARIS TOKYO

Índice / Indice

8 _ **Tawaraya**
TOSHI OKAZAKI SATOW
KYOTO

12 _ **Iori Nishioshikoji-cho**
KYOTO

20 _ **Iori Nishirokkaku-cho**
KYOTO

30 _ **Sugimoto House**
UTAKO SUGIMOTO
KYOTO

36 _ **Yoshida Sanso**
KYOKO NAKAMURA
KYOTO

52 _ **Tenmangu**
ALEX KERR
KAMEOKA

58 _ **4 x 4 House**
BY TADAO ANDO FOR
YOSHINORI NAKATA
AKASHI, HYOGO

66 _ **Go'o Shrine**
BY HIROSHI SUGIMOTO
NAOSHIMA ISLAND,
KAGAWA

70 _ **Stone House**
MASATOSHI IZUMI
MURE, KAGAWA

78 _ **Chiiori**
ALEX KERR AND
MASON FLORENCE
IYA, TOKUSHIMA

88 _ **House of Light**
BY JAMES TURRELL
AND DAIGO ISHII
TOKAMACHI, NIIGATA

100 _ **Dream House**
BY MARINA ABRAMOVICH
TOKAMACHI, NIIGATA

106 _ **Hoshi Onsen – Chojukan**
KUNIO OKAMURA
NIIHARU, GUNMA

116 _ **Forest Floor**
BY KENGO KUMA
NAGANO

122 _ **Yoshihiro Takishita House**
YOSHIHIRO TAKISHITA
KAMAKURA

132 _ **Yukiko Hanai Villa**
BY EIZO SHIINA FOR
YUKIKO HANAI
HAKONE, KANAGAWA

140 _ **Chizanso Villa**
YOICHIRO USHIODA
KAMAKURA

150 _ **Lotus House**
BY KENGO KUMA FOR
YOICHIDO USHIODA
KAMAKURA

160 _ **Bamboo House**
RIEKO KAWABE
KAMAKURA

170 _ **Plastic House**
BY KENGO KUMA FOR
ROWLAND KIRISHIMA
TOKYO

176 _ **Nakamura House**
YOSHIFUMI NAKAMURA
TOKYO

180 _ **Shutter House for a Photographer**
BY SHIGERU BAN
TOKYO

188 _ **Natural Strips II**
BY MASAKI ENDOH FOR
ICHIRO CHINO
TOKYO

192 _ GLOSARIO
GLOSSARIO
GLOSSÁRIO

198 _ DIRECCIONES
INDIRIZZI
ENDEREÇOS

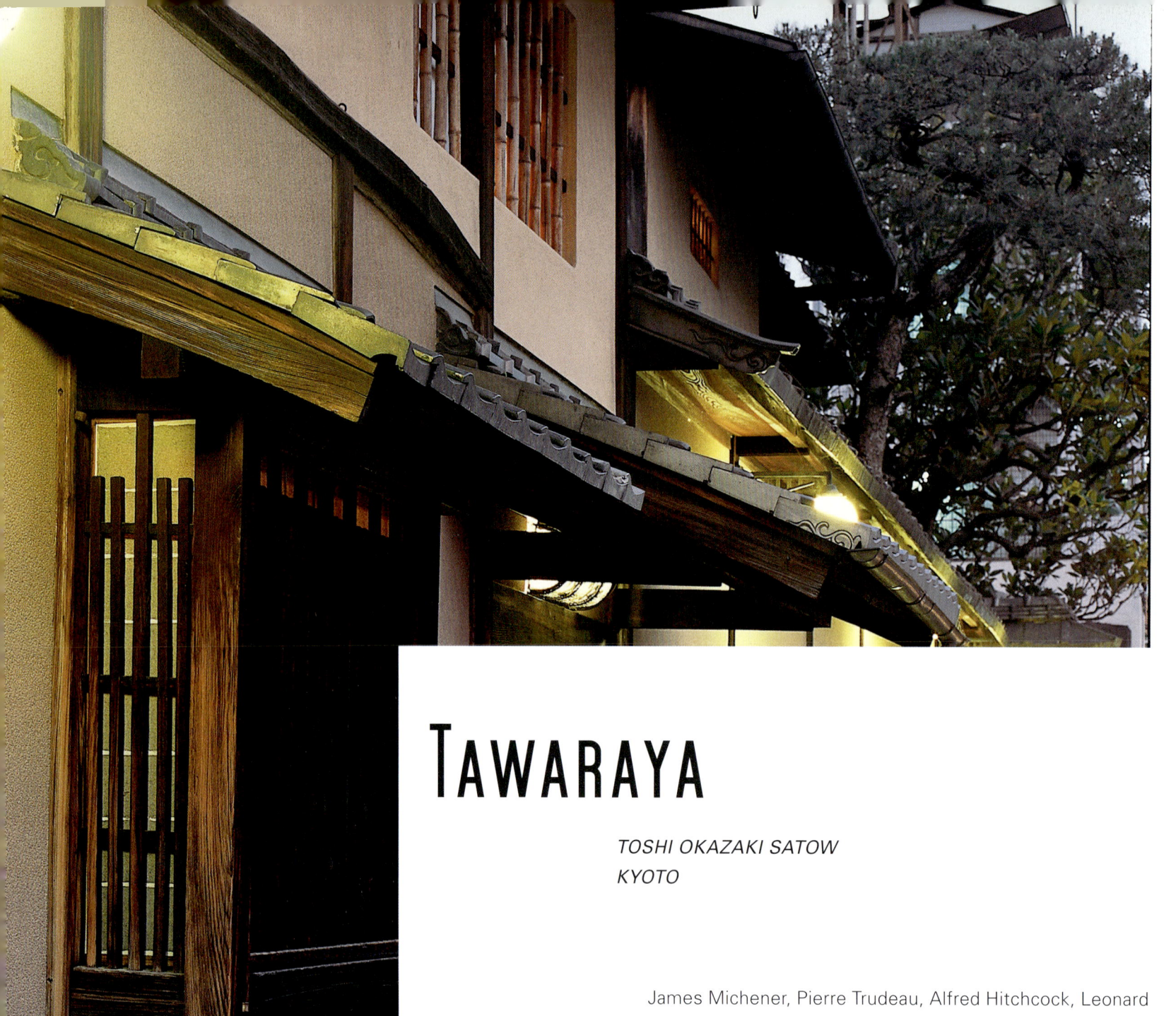

Tawaraya

TOSHI OKAZAKI SATOW
KYOTO

James Michener, Pierre Trudeau, Alfred Hitchcock, Leonard Bernstein, Marlon Brando, John D. Rockefeller IV, Betty Ford, Rudolph Nureyev, Arthur Miller, Jean-Paul Sartre y Simone de Beauvoir tienen algo en común: todos se han alojado en la posada Tawaraya de Kioto. Con trescientos años de historia a sus espaldas, Tawaraya es la reina de las tradicionales *ryokan* (posadas) de Japón. Toshi Okazaki Satow, su propietario de undécima generación, conserva la tradición de Tawaraya como retiro, dotándola de equilibrio entre las comodidades modernas y una decoración basada en pergaminos, muebles lacados y arreglos florales. La puerta de entrada a la posada es tan pequeña que puede pasar inadvertida. En su interior tan solo hay una salita de lectura con unos cuantos rincones que invitan al reposo; los pasillos están decorados con flores y todas las estancias dan a un jardín. Todas las habitaciones están concebidas como un refugio en sí mismas. Se trata de la tradición de la ceremonia del té y de la hospitalidad propia de la cultura nipona condensadas en dieciocho habitaciones situadas en pleno centro de la bulliciosa y moderna Kioto.

Sobre la fachada de la posada del siglo XVIII se inclinan estructuras de bambú, que protegen la parte inferior de paredes y muros contra la suciedad y los golpes.

Strutture inclinate di bambù, utilizzate per proteggere la parte inferiore delle pareti dai colpi e dalla sporcizia, poggiano sulla facciata di questo albergo del XVIII secolo.

Suportes de bambu inclinados, para proteger as partes mais baixas das paredes de sujidade ou de danos, na fachada da estalagem do século XVIII.

James Michener, Pierre Trudeau, Alfred Hitchcock, Leonard Bernstein, Marlon Brando, John D. Rockefeller IV, Betty Ford, Rudolph Nureyev, Arthur Miller, Jean-Paul Sartre e Simone de Beauvoir hanno una cosa in comune: tutti loro sono stati ospiti dell'albergo Tawaraya di Kyoto. Con trecento anni di storia, Tawaraya è il re dei *ryokan* (alberghi tradizionali) giapponesi. Toshi Okazaki Satow, proprietario di undicesima generazione, mantiene la tradizionale riservatezza e la nuance culturale del luogo, in un equilibrio assai ben calibrato tra comodità moderne e *kakemono*, arredi laccati e composizioni floreali. L'entrata di Tawaraya sulla strada è così piccola che ci si potrebbe passare davanti senza notarla; l'albergo non ha sala d'ingresso, solo un saloncino di lettura e piccoli spazi in cui sedersi e rilassarsi, corridoi con fiori e le camere, che affacciano tutte sull'angolo appartato del giardino perfettamente coltivato. Ogni camera è una sorta di rifugio; il giardino, i tavoli e le sedie manifestano una grande attenzione ai minimi dettagli. La tradizionale cerimonia del tè e la classica ospitalità sono qui perpetuate in appena diciotto camere, nel cuore di una moderna Kyoto che non riposa mai.

James Michener, Pierre Trudeau, Alfred Hitchcock, Leonard Bernstein, Marlon Brando, John D. Rockefeller IV, Betty Ford, Rudolph Nureyev, Arthur Miller, Jean-Paul Sartre e Simone de Beauvoir têm uma coisa em comum: todos eles já pernoitaram na estalagem Tawaraya em Quioto. Com trezentos anos de história, a Tawaraya é a rainha das *ryokan* (estalagens) tradicionais japonesas. Toshi Okazaki Satow é o proprietário e descendente da mesma família que há 11 gerações honra a tradição de reserva e primor cultural da Tawaraya, proporcionando um delicado equilíbrio de confortos modernos e rolos, mobiliário lacado e arranjos florais. A entrada da Tawaraya é tão pequena, que não é difícil passar despercebida. Não tem vestíbulo, há apenas uma pequena sala de leitura e alguns bancos, corredores com flores e os quartos, todos eles com vista para um recanto privado de um jardim. Cada quarto é um refúgio e tanto o jardim, como as mesas e as cadeiras foram concebidos com a máxima atenção ao detalhe. É a tradição da cerimónia do chá e a hospitalidade clássica comprimidas em apenas dezoito quartos no coração do bulício característico de uma cidade moderna como Quioto.

IZQUIERDA, ARRIBA:
Un cucharón de bambú reposa en lo alto de una pila de purificación de piedra cubierta de musgo con un lecho de guijarros en el fondo.

IZQUIERDA, ABAJO:
Un rayo de luz oblicuo incide sobre las paredes de adobe, iluminando un sombrero de paja trenzada para la lluvia utilizado durante la ceremonia del té.

DERECHA:
Un ishi-doro (farol de piedra), presentes originariamente en los jardines de templos y santuarios, complementa los objetos de cerámica de Tamba que se ven en primer plano.

A SINISTRA, IN ALTO:
Un mestolo di bambù in cima a una vasca di pietra ricoperta di muschio utilizzata per purificarsi, collocata su un letto di ghiaia.

A SINISTRA, IN BASSO:
Un raggio di luce in diagonale sulle pareti di terra cotta illumina un cappello di paglia utilizzato nelle cerimonie del tè.

A DESTRA:
Una lanterna di pietra (ishi-doro), destinata in origine ai giardini dei templi e dei santuari, assieme a una ceramica tamba-yaki in primo piano.

À ESQUERDA, EM CIMA:
Uma concha de bambu repousa sobre uma bacia de purificação em pedra, coberta de musgo, assente num leito de seixos.

À ESQUERDA, EM BAIXO:
Um raio de luz inclinado percorre as paredes de terra, iluminando um chapéu de palha para a chuva usado na cerimónia do chá.

À DIREITA:
Uma lanterna de pedra (ishi-doro), que antigamente só havia nos jardins de templos e santuários, complementa a vasilha em cerâmica de Tamba em primeiro plano.

TAWARAYA / KYOTO

Iori Nishioshikoji-cho

KYOTO

El centro de Kioto se hallaba ocupado en su día por miles de *machiyas* (casas familiares); sin embargo, durante la segunda mitad del siglo xx, la mayoría de ellas fueron derribadas. En 2004, Alex Kerr y sus socios fundaron Iori con el fin de adquirir *machiyas* amenazadas y restaurarlas para ofrecerlas como alojamiento a los visitantes que quisieran conocer de cerca las artes tradicionales y el estilo de vida de Kioto. Nishioshikoji-cho, una de las *machiya* de Iori, es una casa de grandes proporciones construida hacia 1890 y restaurada al más puro estilo japonés, con las características típicas de estas viviendas, como por ejemplo vigas toscamente labradas, jardines interiores *(tsuboniwa)* y *mushikomado* (ventanucos de yeso), que permiten la entrada de la luz de la calle. Entre los objetos de decoración destacan las *andon* (lámparas de pie) cilíndricas, las cestas de bambú con arreglos florales, los *sudare* (estores) confeccionados con tallos de bambú partidos por la mitad y los *byobu* (biombos) característicos del periodo Edo. El interior de la casa resuena con imágenes del paisaje y la poesía de China, irradiando ese halo propio de la cultura clásica que tuvo Kioto como centro durante siglos.

Un camino de losas seleccionadas por su forma natural conduce a través del patio interior hasta la entrada, enmarcada por un trabajo de celosía. Una pila de agua y una palmera plantada en una maceta flanquean el recorrido.

In un cortile interno, le pietre della pavimentazione selezionate per la loro forma conducono a una porta con struttura a griglia. Una vasca e un vaso con una palma segnalano il percorso.

Num pátio interno, as pedras do pavimento escolhidas pela sua forma natural conduzem a uma entrada orlada por uma malha de ripas de madeira entrelaçadas. Uma bacia de água e o vaso com a palmeira acompanham a passagem.

Un tempo il centro della città di Kyoto vantava la presenza di migliaia di *machiya* (dimore urbane), ma durante la seconda metà del XX secolo ne è stata demolita la maggior parte. Nel 2004, Alex Kerr e partner hanno fondato la società Iori con il proposito di acquistare *machiya* in stato di abbandono, restaurarle e proporle ai visitatori come luoghi in cui conoscere lo stile di vita e le arti tradizionali di Kyoto. Nishioshikoji-cho è una delle *machiya* di Iori. Costruita verso il 1890, questa casa di grandi dimensioni è stata restaurata al puro stile giapponese e mostra i caratteri tipici dell'architettura delle dimore urbane, come le travi sgrossate del soffitto al piano superiore, i giardini interni (*tsuboniwa*, ovvero «giardini in bottiglia»), e le fessure della *mushiko-mado* (finestra a griglia) in gesso che lasciano filtrare la luce naturale nel livello superiore. Tra gli arredi: lampade da terra rotonde tipo *andon*, canestri di bambù con composizioni floreali, *sudare* (tende tradizionali di bambù) e *byobu* (paraventi) dell'epoca Edo. Con le loro immagini echeggianti vedute e poesie cinesi, tali elementi apportano all'ambiente una percezione di quella cultura classica di cui Kyoto per secoli è stata il centro.

No centro da cidade de Quioto ergueram-se em tempos milhares de *machiya* (moradias), mas, durante a segunda metade do século XX, a maioria destas casas foi demolida. Em 2004, Alex Kerr e os seus sócios fundaram a Iori com o objectivo de adquirirem *machiya* ameaçadas, restaurá-las e colocá-las à disposição do público como locais para se experimentar as artes tradicionais e a vida em Quioto. Uma das *machiya* da Iori é a Nishioshikoji-cho. Construída por volta de 1890, a Oshikoji é uma casa de grandes dimensões, restaurada segundo o mais puro estilo nipónico. Exibe traços característicos da arquitectura destas moradias, como as traves toscas no tecto do piso mais alto, jardins interiores (*tsuboniwa*, que se pode traduzir como «jardins numa garrafa») e *mushiko-mado* (janelas ranhuradas em gesso), que deixam entrar a luz da rua no piso superior. Entre os objectos decorativos encontram-se *andon* (candeeiros de chão) redondos, cestos de bambu com arranjos florais, *sudare* (persianas) feitas de tiras de bambu e *byobu* (biombos articulados) do período Edo. Em conjunto com as imagens de paisagens chinesas e poesia, devolvem à casa um toque da cultura clássica de que Quioto foi o centro durante séculos.

Una serie de yukimi-shoji *(puertas correderas de papel con un hueco acristalado) y una* marumado *(ventana circular) con una celosía de cenefa enmarcan la vista a lo largo de estancias y jardines.*

Le yukimi-shoji *(porte scorrevoli di carta con apertura vetrata) e una* marumado *(finestra circolare) con struttura a griglia, fanno da cornice alla vista delle stanze e dei giardini.*

As yukimi-shoji *(portas de papel deslizantes com uma abertura de vidro) e uma* marumado *(janela circular) com uma malha de madeira entrelaçada com padrões, emolduram a vista dos quartos e jardins.*

IORI NISHIOSHIKOJI-CHO / KYOTO

16

IZQUIERDA, ARRIBA:
Robustas vigas de madera soportan el techo de la estancia del piso superior, cuyo suelo está recubierto de tatami (estera). Las puertas del armario, de paneles macizos, reflejan la luz de las ventanas.

IZQUIERDA, ABAJO:
Una marumado con vistas al jardín. El yeso ha sido horadado para dejar al descubierto la estructura interna de la pared, hecha de entramado de bambú.

DERECHA, ARRIBA:
Una sola peonía en flor dispuesta en una cesta de bambú trenzado evoca la primavera.

DERECHA, ABAJO:
Unas escaleras típicas del estilo tradicional de Kioto descienden hasta la entrada, con suelo de madera.

DOBLE PÁGINA SIGUIENTE:
Una cama, un libro, una mesa con un quemador de incienso, un florero y una taza de té frente a una pintura del periodo Edo con un paisaje de salvias en una ermita de montaña.

A SINISTRA, IN ALTO:
Massicce travi di legno sostengono la copertura della camera ricoperta di tatami al piano superiore. Le ante compatte riflettono la luce che filtra dalle finestre.

A SINISTRA, IN BASSO:
Una marumado con una vista del giardino. Le fessure nel gesso rivelano la struttura interna della parete composta da una griglia di bambù.

A DESTRA, IN ALTO:
Una peonia in un canestro di bambù ricorda la primavera.

A DESTRA, IN BASSO:
Una ripida scala tradizionale di Kyoto conduce all'ingresso pavimentato in legno.

DOPPIA PAGINA SEGUENTE:
La zona letto, un libro, un tavolo con incensiere, un vaso di fiori e una tazza di tè davanti a un dipinto dell'epoca Edo raffigurante antichi saggi in un eremo di montagna.

À ESQUERDA, EM CIMA:
Imponentes traves de madeira suportam o tecto do quarto no piso superior com tatami (tapetes). As portas do armário de painéis lisos reflectem a luz das janelas.

À ESQUERDA, EM BAIXO:
Uma marumado com vista para o jardim. O gesso foi recortado para deixar à mostra o emaranhado de bambu da estrutura interna da parede.

À DIREITA, EM CIMA:
Uma peónia em flor dentro de um cesto de bambu anuncia a Primavera.

À DIREITA, EM BAIXO:
Uma escada tradicional de Quioto, muito inclinada, desce até à entrada com pavimento de madeira.

PÁGINA DUPLA SEGUINTE:
Cama, um livro, uma mesa com um queimador de incenso, uma jarra de flores e uma chávena de chá, tudo isto em frente de uma pintura, do período Edo, de sábios numa ermida de montanha.

IORI NISHIOSHIKOJI-CHO / KYOTO

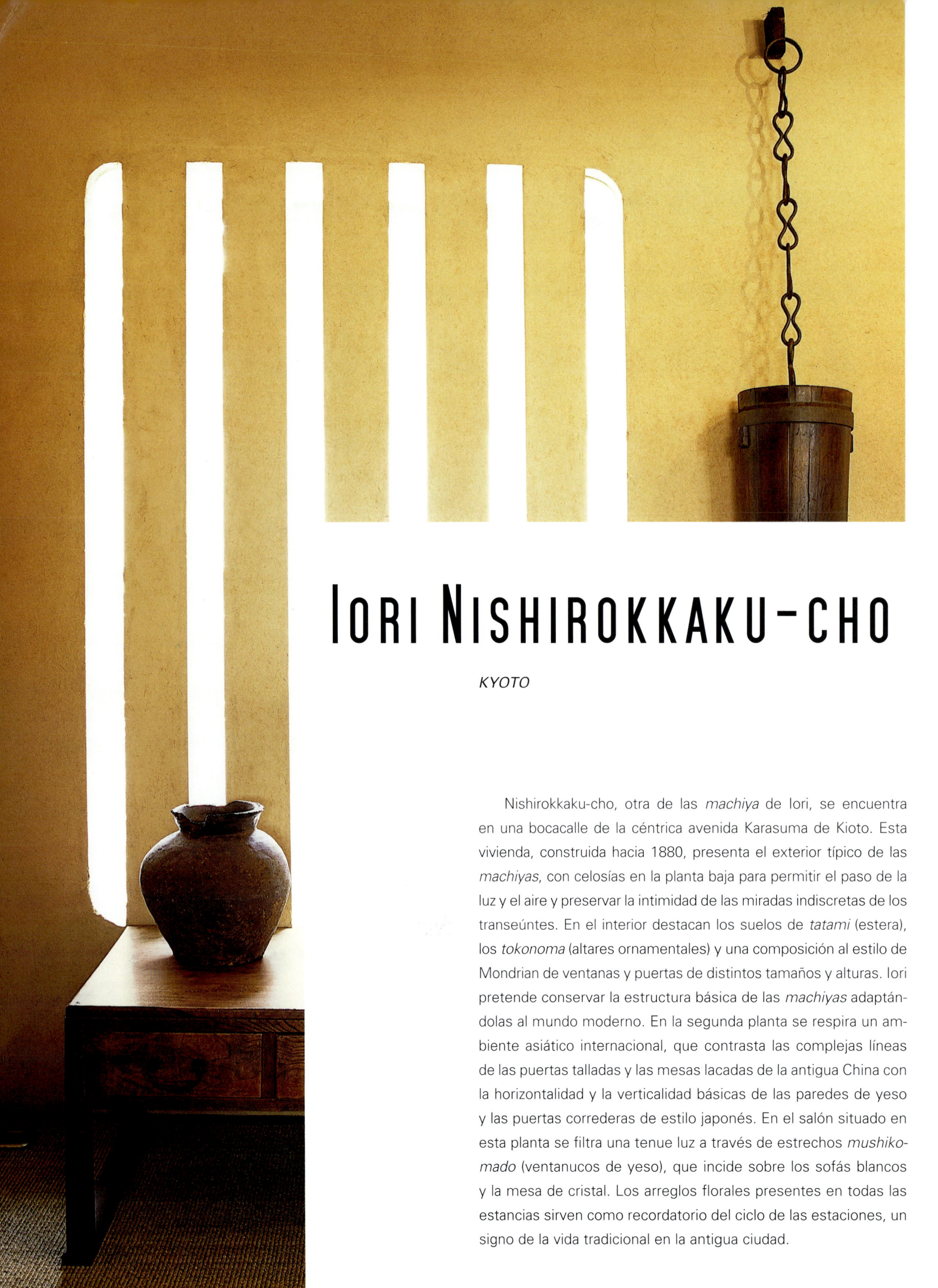

Iori Nishirokkaku-cho

KYOTO

Nishirokkaku-cho, otra de las *machiya* de Iori, se encuentra en una bocacalle de la céntrica avenida Karasuma de Kioto. Esta vivienda, construida hacia 1880, presenta el exterior típico de las *machiyas*, con celosías en la planta baja para permitir el paso de la luz y el aire y preservar la intimidad de las miradas indiscretas de los transeúntes. En el interior destacan los suelos de *tatami* (estera), los *tokonoma* (altares ornamentales) y una composición al estilo de Mondrian de ventanas y puertas de distintos tamaños y alturas. Iori pretende conservar la estructura básica de las *machiyas* adaptándolas al mundo moderno. En la segunda planta se respira un ambiente asiático internacional, que contrasta las complejas líneas de las puertas talladas y las mesas lacadas de la antigua China con la horizontalidad y la verticalidad básicas de las paredes de yeso y las puertas correderas de estilo japonés. En el salón situado en esta planta se filtra una tenue luz a través de estrechos *mushikomado* (ventanucos de yeso), que incide sobre los sofás blancos y la mesa de cristal. Los arreglos florales presentes en todas las estancias sirven como recordatorio del ciclo de las estaciones, un signo de la vida tradicional en la antigua ciudad.

Una honda bañera de cedro. El cubo y los paneles que revisten las paredes también están hechos de cedro. La ventana da al jardín.

Una profonda tinozza di cedro. Anche il secchio e i pannelli delle pareti sono dello stesso tipo di legno. La finestra affaccia sul giardino.

Uma banheira de cedro profunda. O balde e os painéis das paredes também são de cedro. A janela tem vista para o jardim.

La *machiya* Nishirokkaku-cho è un'altra delle dimore urbane di Iori, ubicata in una strada secondaria prossima al centralissimo viale Karasuma di Kyoto. A livello stradale l'edificio, costruito verso il 1880, presenta il tipico esterno delle *machiya* con grate in legno, che lasciano filtrare la luce e l'aria mantenendo l'ambiente interno al riparo da sguardi indiscreti. All'interno, camere con *tatami*, *tokonoma* (alcove) e un assortimento alla Mondrian di finestre e porte di differenti dimensioni. Iori intende salvaguardare la struttura tradizionale delle *machiya*, adattandole però al mondo moderno. Il secondo livello ha un carattere asiatico internazionale, con le linee complesse delle antiche porte cinesi intagliate e tavoli laccati in netto contrasto con il semplice andamento verticale e orizzontale delle pareti in gesso e delle porte scorrevoli di carta giapponesi. Qui, nella zona giorno, una luce soffusa filtra attraverso la *mushiko-mado* (finestra a griglia) scivolando sui bianchi sofà e sul tavolino da caffè in vetro. In ogni camera, le composizioni floreali riflettono all'interno il ciclo delle stagioni, una caratteristica distintiva della vita tradizionale nell'antica città.

Outra das *machiya* de Iori em Quioto é a Nishirokkaku-cho, situada numa pequena rua junto à avenida Karasuma, no centro de Quioto. Construída por volta de 1880, a Rokkaku tem o exterior característico das *machiya* com persianas de madeira no rés-do-chão, que deixam entrar a luz e o ar, mas mantêm afastados os olhares indiscretos. No interior, encontramos salas com *tatami*, *tokonoma* (alcovas) e um jogo de janelas e portas de diferentes tamanhos e alturas à maneira de Mondrian. A Iori procura preservar a estrutura básica das *machiya*, ao mesmo tempo que as moderniza. O segundo piso tem um ambiente asiático internacional, com linhas complexas de portas talhadas antigas, de origem chinesa, e mesas lacadas que contrastam com as linhas básicas horizontais e verticais das paredes de gesso e das portas deslizantes japonesas forradas de papel. Na sala de estar do segundo piso, uma luz suave atravessa as ranhuras estreitas das *mushiko-mado* (janelas ranhuradas) e recai sobre os sofás brancos e a mesa de café de vidro. Em todos os quartos e salas, os arranjos florais transpõem para o interior o ciclo das estações do ano, um bastião da vida tradicional na cidade antiga.

IZQUIERDA, ARRIBA:
Lirio silvestre en una vasija de bronce de cuello estrecho colocada delante de una shoji (puerta de papel con armazón de madera).

IZQUIERDA, ABAJO:
Lirio violeta en una vasija de cuello estrecho de cerámica blanca y azul, colocada junto a una mushiko-mado horadada en una pared de yeso.

DERECHA, ARRIBA:
De noche el interior de la casa despide luz a través de las celosías de madera de la planta baja y de las mushiko-mado del segundo piso.

DERECHA, ABAJO:
Las paredes enlucidas de blanco reflejan en los sofás también blancos la luz que se filtra a través de las ranuras verticales de las mushiko-mado, creando un contraste entre lo antiguo y lo moderno.

A SINISTRA, IN ALTO:
Un giaggiolo selvatico in un contenitore di bronzo dal collo stretto davanti a una shoji (porta di carta con struttura in legno).

A SINISTRA, IN BASSO:
Un giaggiolo in un contenitore di ceramica blu e bianco dal collo stretto davanti a una mushiko-mado di gesso.

A DESTRA, IN ALTO:
Di sera, la luce dell'interno filtra all'esterno attraverso le griglie in legno del livello stradale e le mushiko-mado di gesso al secondo piano.

A DESTRA, IN BASSO:
Bianche pareti intonacate riflettono la luce che filtra dalle fessure verticali delle mushiko-mado sui bianchi sofà, un contrasto tra antico e moderno.

À ESQUERDA, EM CIMA:
Uma íris selvagem numa jarra de bronze de gargalo estreito mostra-se diante das shoji (portas de papel com armação de madeira).

À ESQUERDA, EM BAIXO:
Íris violeta numa jarra de cerâmica azul e branca ao lado de uma mushiko-mado recortada no gesso.

À DIREITA, EM CIMA:
À noite, a luz interior transborda pela madeira entrelaçada das paredes ao nível da rua e pelas mushiko-mado no segundo andar.

À DIREITA, EM BAIXO:
As paredes de gesso branco deixam entrar luz através das mushiko-mado recortadas na vertical para cima dos sofás brancos, proporcionando um contraste entre a tradição e a contemporaneidade.

IORI NISHIROKKAKU-CHO / KYOTO

23

DERECHA:
Clemátide en un florero de bambú con forma de cubo de pozo, iluminado con la luz procedente del jardín.

PÁGINA DE LA DERECHA:
Vista en ángulo del dormitorio del piso superior, con suelos de tatami y un tokonoma recubierto de madera, con un dibujo a tinta enmarcado, una mesa con flores y pequeños ventanucos de papel de estilo shoin.

A DESTRA:
Una clematide in un contenitore di bambù a forma di secchio, illuminato dalla luce proveniente dal giardino.

PAGINA DI DESTRA:
Vista di un angolo della camera del livello superiore, con tatami e un'alcova tokonoma con pavimentazione in legno, un disegno a inchiostro con cornice, un tavolo con fiori e piccole finestre di carta in stile shoin.

À DIREITA:
Uma clematite numa jarra de bambu com a forma de um balde, iluminada pela luz do jardim.

PÁGINA DA DIREITA:
Vista de um dos ângulos do quarto no primeiro andar, com tatami e uma tokonoma com pavimento de madeira, um desenho emoldurado, mesa com flores e pequenas janelas de papel shoin.

IORI NISHIROKKAKU-CHO / KYOTO

DERECHA:
En el dormitorio las delicadas tablillas de las yukimi-shoji (puertas de papel con la parte inferior acristalada) contrastan con la intrincada celosía de los antiguos paneles chinos.

PÁGINA SIGUIENTE, IZQUIERDA:
Detalle de un biombo del periodo Edo (1603–1868), con la imagen de una garza blanca subida a una acacia de Constantinopla.

PÁGINA SIGUIENTE, DERECHA:
La cama de la habitación de invitados reposa ante un tokonoma, con un florero de bambú lleno de flores silvestres y briznas de hierba, iluminada con la luz del jardín que se filtra a través de la ventana shoin.

A DESTRA:
Nella camera al piano superiore, delicate strisce di legno sulle yukimi-shoji (porte scorrevoli di carta con apertura vetrata), contrastano con la pesante grigliatura degli antichi pannelli cinesi.

PAGINA SEGUENTE, A SINISTRA:
Particolare di un paravento dell'epoca Edo (1603–1868), con un airone bianco su un ramo di acacia di Costantinopoli.

PAGINA SEGUENTE, A DESTRA:
La zona letto per gli ospiti davanti all'alcova tokonoma, con canne e fiori selvatici in un recipiente di bambù, illuminato dalla luce che dal giardino filtra attraverso la bassa finestra shoin.

À DIREITA:
No quarto do primeiro andar, delicadas ripas de madeira nas yukimi-shoji (portas de papel deslizantes com uma abertura de vidro) contrastam com a austeridade da malha de madeira entrelaçada dos painéis chineses antigos.

PÁGINA SEGUINTE, À ESQUERDA:
Pormenor de um biombo articulado do período Edo (1603–1868), retratando uma garça branca sobre um ramo de albízia.

PÁGINA SEGUINTE, À DIREITA:
A cama dos hóspedes está diante da tokonoma, com folhagem e flores selvagens numa jarra de bambu, iluminada pela luz do jardim que atravessa a janela shoin baixa.

IORI NISHIROKKAKU-CHO / KYOTO

Sugimoto House

UTAKO SUGIMOTO
KYOTO

De las *machiyas* que aún quedan en Kioto, Sugimoto es la más grande, suntuosa y mejor conservada de todas. La profusión de elementos decorativos distintivos de la riqueza comercial de Kioto, como biombos, *fusuma* (puertas correderas opacas) en invierno y puertas de bambú en verano, así como un altar budista lacado en oro, la convierte en la última de las mansiones donde aún puede saborearse el estilo de vida de la vieja ciudad en toda su plenitud. Fundada en 1767 por un mercader de kimonos, la construcción actual data de 1870. En la fachada principal, destaca la celosía propia del estilo de Kioto, una ventana en saliente, los *inuyarai* (rodapiés de bambú), los *mushiko-mado* (ventanucos de yeso) y las cubiertas de teja a diferentes niveles. El interior de la casa revela una serie de vistas cambiantes: la visión fugaz de un jardín a través del pasillo o las esteras del *zashiki* (sala de recepción), que vistas a lo lejos parecen fluir a través de los *sudare* (estores). La vivienda, de enormes dimensiones, cuenta con una cocina abierta de ocho metros de altura y tres *kura* (almacenes). Pueden apreciarse otros pequeños detalles, como una solitaria lámpara de pie, una linterna o una vela.

En el cristal de una yukimi-shoji (puerta corredera de papel con un hueco acristalado) se refleja una andon (lámpara de pie) cilíndrica, colocada delante de varias fusuma naranjas con una cenefa de motivos en mica.

Riflessa sul vetro della yukimi-shoji (porta scorrevole di carta con apertura vetrata), una andon (lampada da terra) collocata davanti a una fusuma arancione ornata con corone di mica.

Reflectido no vidro de uma yukimi-shoji (porta de papel deslizante com uma abertura de vidro), um andon (candeeiro de chão) redondo ergue-se diante das fusuma cor de laranja com embutidos de mica.

Casa Sugimoto è la più grande e la miglior conservata tra le machiya di Kyoto ancora in piedi. Questa dimora riflette l'opulenza del ceto mercantile di Kyoto, ricca com'è di arredi quali paraventi, fusuma (porte scorrevoli opache) in inverno, porte di bambù in estate, un altare buddista laccata in oro, ed è l'unico luogo in cui si può provare ancora appieno il sapore della vita tradizionale della città. Fu edificata nel 1767 da un grossista di kimono, ma la struttura attuale risale al 1870. Il fronte stradale, che occupa mezzo isolato, presenta il tipico graticcio di Kyoto, un bovindo, inuyarai (assicelle di bambù che proteggono la parte bassa del muro), mushiko-mado (finestre a griglia) fatte con assicelle di gesso, e coperture a tegola di differenti altezze. All'interno, la casa si rivela in una serie di vedute mutevoli: la vista del giardino dal corridoio, oppure le stuoie della zashiki (sala di ricevimento) che sembrano fluire attraverso le tende sudare sospese in una prospettiva sfuggente. Il complesso è massiccio, con una cucina aperta di otto metri di altezza e tre kura (magazzini); vi si può avvertire la presenza di una lampada da terra, di una lanterna, di una candela.

Das machiya ainda existentes em Quioto, a casa Sugimoto é a maior e a mais esplendorosa. Nela abundam pertences da riqueza mercantil de Quioto (biombos articulados, fusuma (portas deslizantes opacas) no Inverno, portas de bambu no Verão, um altar budista lacado a ouro) e é a última das mansões em que ainda se pode sentir todo o sabor da vida na antiga cidade. Fundada por um revendedor de quimonos em 1767, a actual estrutura data de 1870. A frontaria, que ocupa meio quarteirão, ostenta as persianas características de Quioto, uma janela projectada para o exterior, inuyarai (ripas de bambu que protegem a parede inferior), mushiko-mado (janelas ranhuradas em gesso) e telhados de cerâmica com diferentes níveis. No interior, a casa revela-se numa série de vistas em constante mudança: um jardim que se vislumbra do corredor, os colchões da zashiki (sala de recepções) que parecem escorrer pelas sudare (persianas) penduradas numa perspectiva recuada. É um imponente complexo, com uma cozinha aberta de oito metros de altura e três kura (armazéns). Repara-se num candeeiro de chão singelo, numa lanterna e numa vela.

32

IZQUIERDA, ARRIBA:
El genkan o galería de acceso a la vivienda tiene dos entradas: a la derecha, una entrada de uso diario que lleva a la cocina; y, a la izquierda, otra para los invitados, que conduce a la casa propiamente dicha.

IZQUIERDA, ABAJO
Sobre una rejilla reposa una tetsubin (tetera de hierro) para preparar té verde en el brasero de madera (hako-hibachi). A la izquierda hay un cesto lleno de carbón para la ceremonia del té.

DERECHA, ARRIBA:
Estancia acondicionada para el verano con misu (estores de bambú). Estos misu excepcionalmente lujosos, con tiras de bambú dispuestas en diseños escalonados, se ven ribeteados con motivos de olas azules y blancas.

DERECHA, ABAJO:
La ornamentación del altar budista deja ver la riqueza y el gusto de las familias comerciantes de la antigua Kioto. Se trata de una obra de primorosa factura tanto por el tallado de la madera como por los accesorios lacados, de oro y de metal.

DOBLE PÁGINA SIGUIENTE:
El exuberante jardín reúne en un espacio reducido los elementos clásicos: maleza y vallas de bambú, una pila de purificación con cucharón, un farol de piedra cubierto de musgo y piedras decorativas.

A SINISTRA, IN ALTO:
Il genkan (galleria d'accesso) illuminato dall'alto presenta due entrate: una a destra, per gli inquilini, che porta alla cucina; e l'altra a sinistra, per gli ospiti, che conduce alla casa vera e propria.

A SINISTRA, IN BASSO:
Sul treppiedi, una teiera di ferro (tetsubin) per preparare il tè verde nel braciere in legno (hako-hibachi). A sinistra, un canestro di carbone per la cerimonia del tè.

A DESTRA, IN ALTO:
Camera adattata per l'estate, con misu (tende di bambù) sospese straordinariamente lussuose e caratterizzate dalle linee del bambù e dai disegni ondeggianti in blu e bianco.

A DESTRA, IN BASSO:
L'elaborato altare buddista ricorda il gusto e la ricchezza delle antiche famiglie di mercanti di Kyoto. Un'elegantissima lavorazione fatta di legno intagliato, laccature, oro ed elementi in metallo.

DOPPIA PAGINA SEGUENTE:
Il verdeggiante giardino racchiude in un piccolo spazio tutti gli elementi della tradizione: recinzioni di arbusti e bambù, una vasca per la purificazione con un mestolo, una lanterna di pietra coperta di muschio e pietre ornamentali.

À ESQUERDA, EM CIMA:
A clarabóia ilumina o genkan (galeria de entrada), que tem duas entradas: à direita, para o uso quotidiano, que vai dar à cozinha; à esquerda, para os visitantes, que vai dar à casa propriamente dita.

À ESQUERDA, EM BAIXO:
Uma trempe sustenta a tetsubin (chaleira de ferro) para fazer chá verde no hako-hibachi (braseiro de madeira). À esquerda está um cesto de carvão para a cerimónia do chá.

À DIREITA, EM CIMA:
Sala preparada para o Verão, com misu (persianas de bambu) pendentes. Estas misu excepcionalmente luxuosas, com padrões graduais de tiras de bambu, são rematadas com padrões ondulantes azuis e brancos.

À DIREITA, EM BAIXO:
O altar budista ornamentado é um indício da riqueza e do bom gosto das antigas famílias de mercadores de Quioto. É um apuradíssimo exemplar da combinação de madeira esculpida com laca, ouro e guarnições metálicas.

PÁGINA DUPLA SEGUINTE:
O jardim verdejante contém, num pequeno espaço, todos os elementos clássicos: vedações de varas e bambu, uma bacia de purificação com concha, uma lanterna de pedra com musgo e pedras decorativas.

SUGIMOTO HOUSE / KYOTO

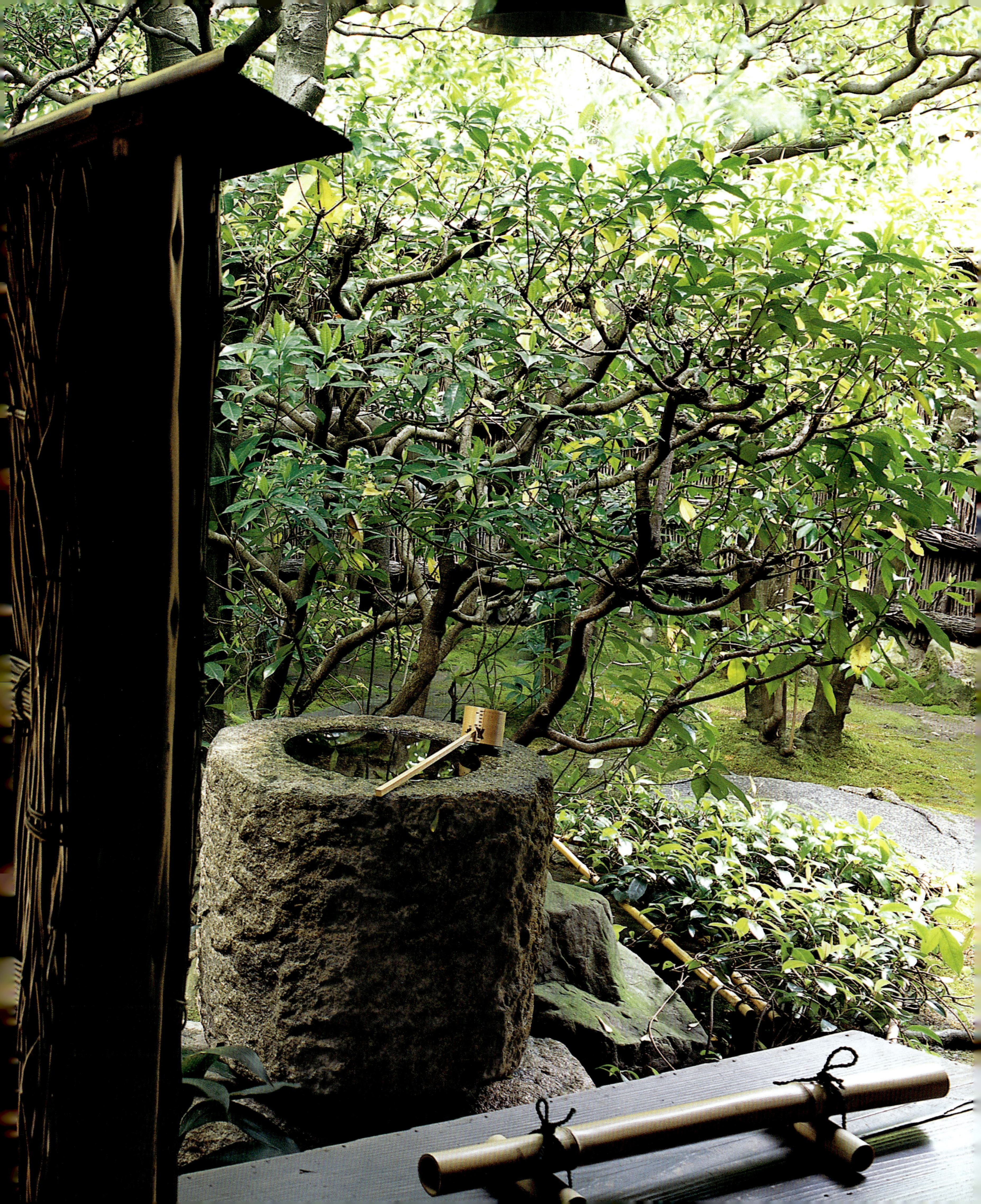

Yoshida Sanso

KYOKO NAKAMURA
KYOTO

Tras el traslado de la capital a Tokio en 1868, al que siguió la pérdida de poder de la nobleza en 1945, la mayor parte de las residencias principescas de Kioto desaparecieron. Una de las pocas que quedó es Yoshida Sanso, construida para el príncipe Higashi-Fushimi, cuñado del emperador Showa (Hirohito) en 1932. Yoshida Sanso se halla al nordeste de Kioto, en una zona rodeada de antiguos templos y santuarios, y desde 1948 funciona como *ryokan* (posada) y restaurante. Para construir esta residencia, se empleó la mejor madera de ciprés *(hinoki)* de la región de Kiso. Un amplio jardín, una alta puerta de entrada y un sendero serpenteante le confieren una sensación de grandeza que se completa con la elevación de los tejados de cobre. La mansión refleja el estilo propio de los años treinta, con toques *art decó* como la araña y los vitrales del vestíbulo. La propietaria, Kyoko Nakamura, se dedica a la caligrafía y su manejo del pincel se pone de manifiesto en letreros y menús. Pese a conservar la mansión en su estado original, los Nakamura se sirven de una cuidada selección de elementos decorativos (flores, candelabros, mesas, bandejas, vajilla) para darle un aire de elegancia principesca.

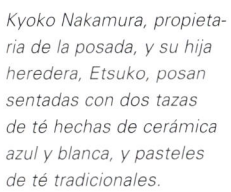

Kyoko Nakamura, propietaria de la posada, y su hija heredera, Etsuko, posan sentadas con dos tazas de té hechas de cerámica azul y blanca, y pasteles de té tradicionales.

Kyoko Nakamura, la proprietaria dell'albergo, e sua figlia ed erede Etsuko, siedono con due tazze di tè di ceramica blu e bianca e dolci da tè tradizionali.

Kyoko Nakamura, a proprietária da estalagem, e a sua filha e herdeira Etsuko, sentadas com duas chávenas de chá de cerâmica azul e branca e bolinhos tradicionais para acompanhar o chá.

Dopo il trasferimento della capitale a Tokyo nel 1868, seguito dall'abolizione della nobiltà ereditaria nel 1945, la maggior parte delle proprietà imperiali di Kyoto scomparvero. Una delle poche rimaste è quella di Yoshida Sanso, costruita originariamente nel 1932 per il principe Higashi-Fushimi, fratellastro di Hirohito, il sovrano dell'impero Showatenno. Yoshida Sanso, gestita come *ryokan* (albergo) e ristorante dal 1948, si trova a nordest di Kyoto, in una zona circondata da antichi santuari e templi. I falegnami hanno utilizzato il miglior cipresso *hinoki* della regione di Kiso per costruirla. Il vasto giardino, l'alto recinto e il tortuoso viale d'accesso danno grandiosità al complesso, con le grondaie delle coperture in rame che si piegano delicatamente verso l'alto. Yoshida Sanso riflette le tendenze in voga negli anni Trenta e include tocchi art déco come il lampadario e le vetrate istoriate del vestibolo. La proprietaria, Kyoko Nakamura, è un'esperta in calligrafia e la sua abile mano si manifesta nella segnaletica e nei menu. I Nakamura mantengono l'edificio nella sua forma originaria utilizzando con attenzione arredi selezionati, come fiori, candelabri, tavoli, vassoi e piatti, per creare un'atmosfera di grazia principesca.

Depois da mudança da capital para Tóquio em 1868, seguida da extinção dos privilégios da nobreza em 1945, a maioria das propriedades nobres de Quioto desapareceu. Uma das poucas que ainda resiste é Yoshida Sanso, mandada construir para o Príncipe Higashi-Fushimi, cunhado do Imperador Showa (Hirohito) em 1932. A funcionar como *ryokan* (estalagem) e restaurante desde 1948, Yoshida Sanso fica situada na zona nordeste de Quioto, rodeada de antigos templos e santuários. Os carpinteiros utilizaram a melhor madeira de *hinoki* (cipreste) da região de Kiso para a construir. Com um amplo jardim, portões altos e uma estrada de acesso serpenteante, proporciona uma sensação de espaço com uma delicada subida até às goteiras dos telhados de cobre. Reflexo do estilo em voga na década de 1930, Yoshida Sanso incorpora pormenores Arte Déco como o lustre e as janelas com vitrais. A proprietária, Kyoko Nakamura, é calígrafa e o seu trabalho está patente em elementos de sinalética e menus. Embora procurem manter a mansão no seu estado original, os Nakamura utilizam objectos escolhidos com cuidado (flores, candelabros, mesas, pratos) para criarem um ambiente digno de um príncipe.

IZQUIERDA, ARRIBA:
En esta pila de purificación se experimenta con la combinación de agua, piedra y bambú.

IZQUIERDA, ABAJO:
Madre e hija, una sentada y otra de pie, en la veranda.

DERECHA, ARRIBA:
Una hilera de azaleas podadas conduce a través del jardín hasta el vestíbulo principal, con elegantes tejados vueltos hacia arriba y ventanas cubiertas con sudare (estores) hechos de juncos.

DERECHA, ABAJO:
Pila de agua purificadora entre los matorrales del jardín.

A SINISTRA, IN ALTO:
Questa vasca per la purificazione rappresenta uno studio sull'acqua, la pietra e il bambù.

A SINISTRA, IN BASSO:
Madre e figlia, l'una seduta e l'altra in piedi, nella veranda.

A DESTRA, IN ALTO:
Bassi cespugli di azalee conducono attraverso il giardino alla sala principale, con le coperture che si ripiegano delicatamente verso l'alto e i sudare (tende) di canne appesi alle finestre.

A DESTRA, IN BASSO:
La vasca con l'acqua per la purificazione tra i cespugli del giardino.

À ESQUERDA, EM CIMA:
Esta bacia da purificação é um hino à água, à pedra e ao bambu.

À ESQUERDA, EM BAIXO:
Mãe e filha, sentada e de pé, na varanda.

À DIREITA, EM CIMA:
Os arbustos de azáleas podados a pouca altura indicam o caminho do jardim até ao salão principal, com telhados delicadamente voltados para cima e janelas com sudare (persianas) feitas de canas.

À DIREITA, EM BAIXO:
Bacia de água de purificação entre os arbustos no jardim.

YOSHIDA SANSO / KYOTO

39

Una mesa con sillas en la veranda que da al jardín de azaleas y sobre la que cuelgan los sudare. La balaustrada está inspirada en una variante del diseño de la esvástica budista.

Il tavolo e le sedie sulla veranda, che domina il giardino di azalee, ornata dai sudare. La balaustra presenta una variante della svastica buddista.

Cadeiras e mesa na varanda, com vista para o jardim de azáleas, protegida pelas sudare. A balaustrada foi buscar inspiração a uma variante da suástica budista.

YOSHIDA SANSO / KYOTO

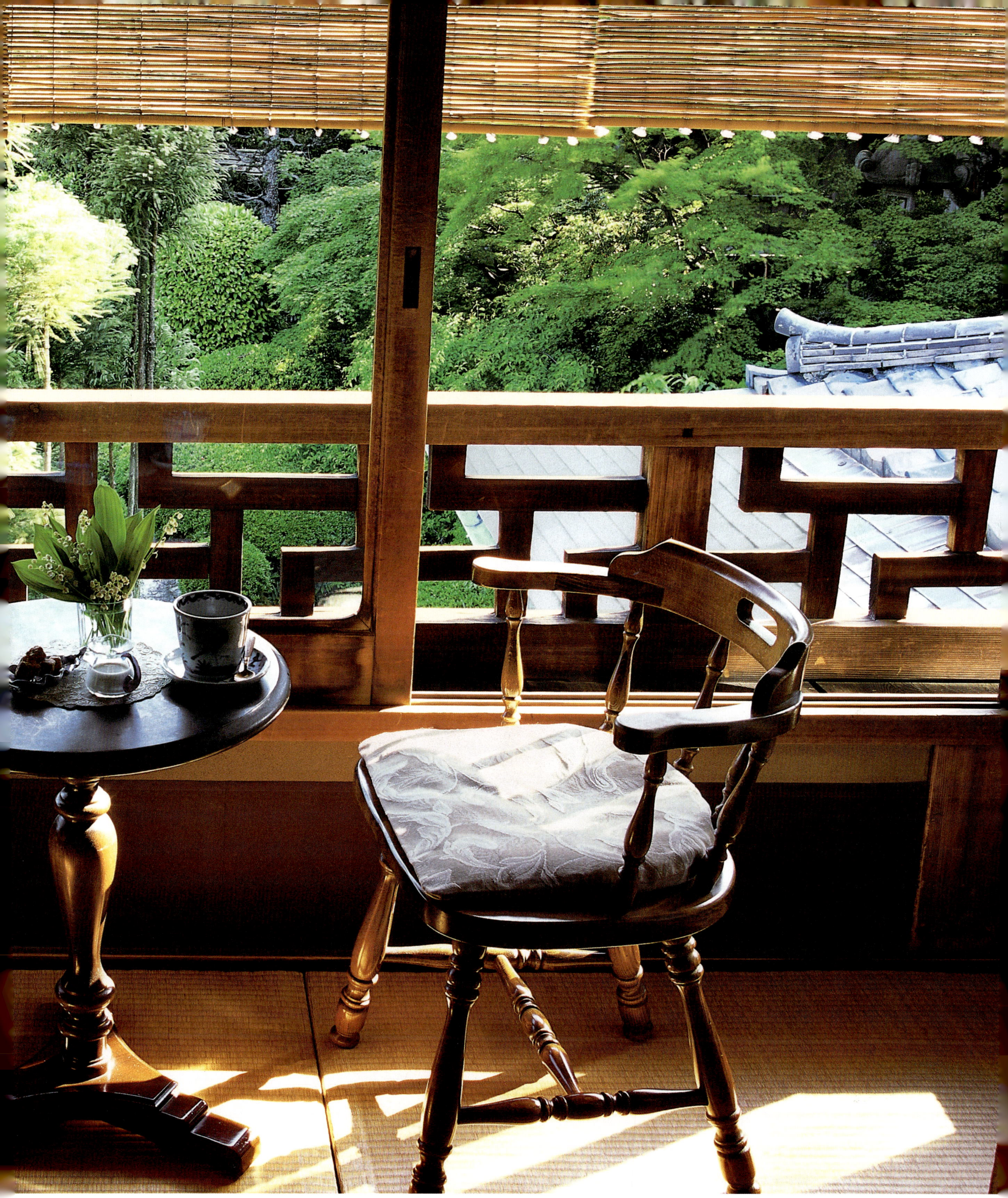

DERECHA:
Un cuenco de sopa lacado en oro sobre una bandeja de madera, acompañado de una copa de cristal con vino de arroz de Yoshida Sanso, aportan un toque de distinción a la cocina de verano.

PÁGINA DE LA DERECHA:
Mesa redonda en una estancia del segundo piso. Encima hay un travesaño confeccionado con vidrio de colores que representa el nombre del príncipe Higashi-Fushimi; dicho elemento data de 1932, año de construcción de la casa.

A DESTRA:
Una ciotola laccata in oro su un vassoio di legno e il vino di riso della casa Yoshida Sanso in un bicchiere di cristallo apportano una sensazione di freschezza alla cucina estiva.

PAGINA DI DESTRA:
Un tavolo rotondo nella camera al secondo piano. La vetrata in alto, con il nome del principe Higashi-Fushimi, risale al 1932, anno di costruzione della casa.

À DIREITA:
Uma taça de sopa, lacada a ouro, num tabuleiro de madeira e o vinho de arroz da casa Yoshida Sanso num copo de cristal trazem um toque de frescura à gastronomia de Verão.

PÁGINA DA DIREITA:
Mesa redonda numa sala do segundo andar. Por cima, existe um vitral com o nome do Príncipe Higashi-Fushimi, que remota a 1932, data de construção da casa.

YOSHIDA SANSO / KYOTO

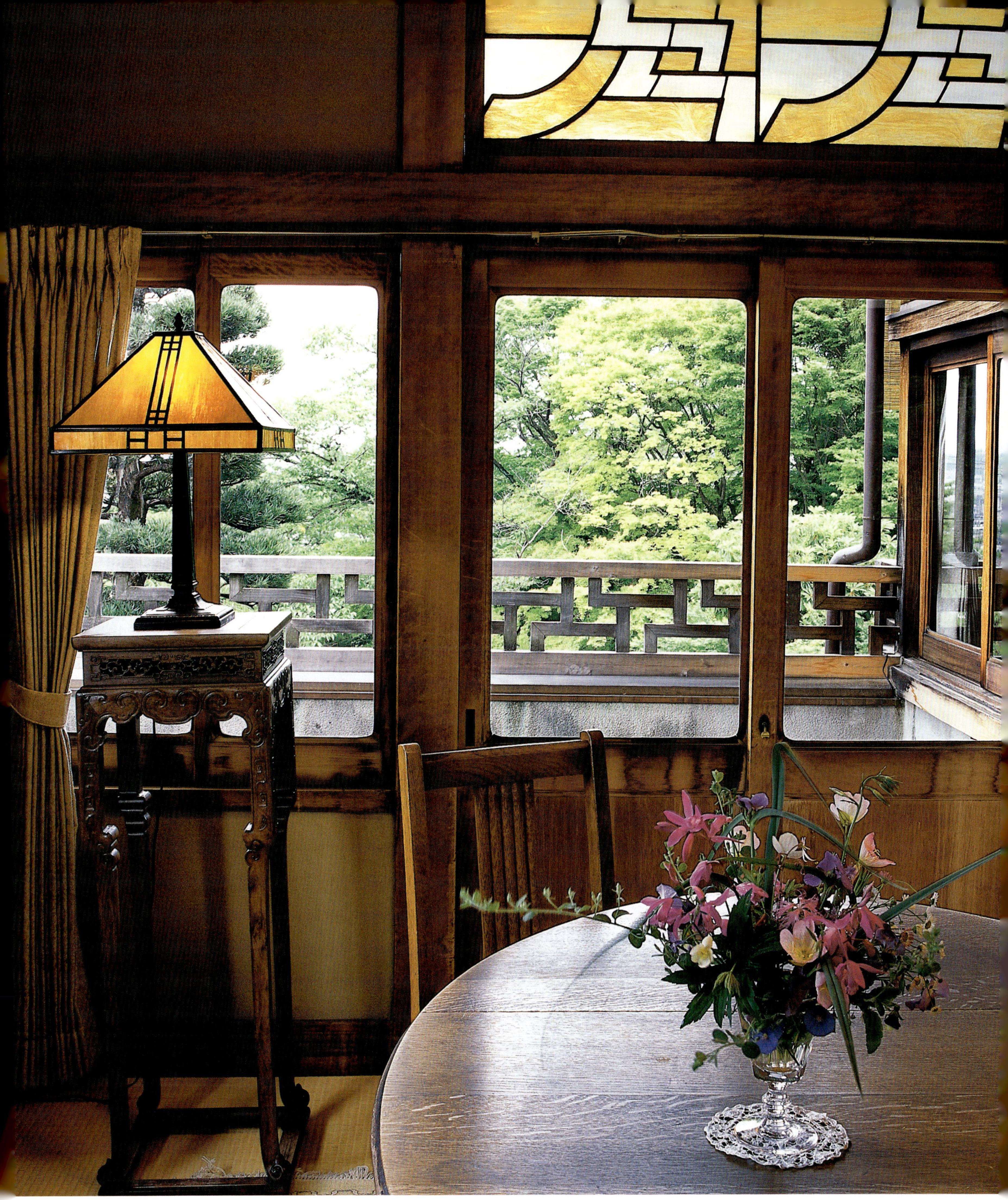

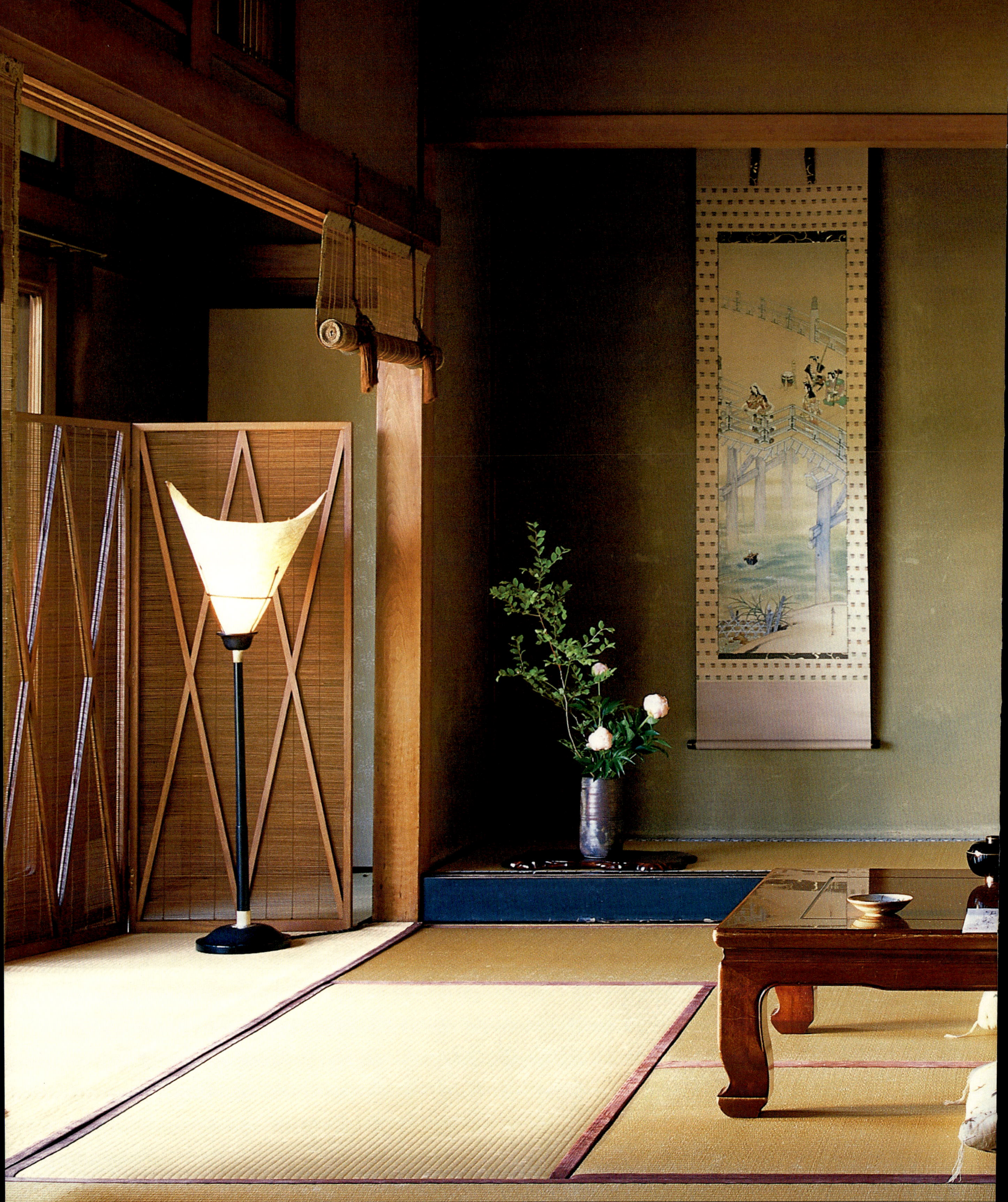

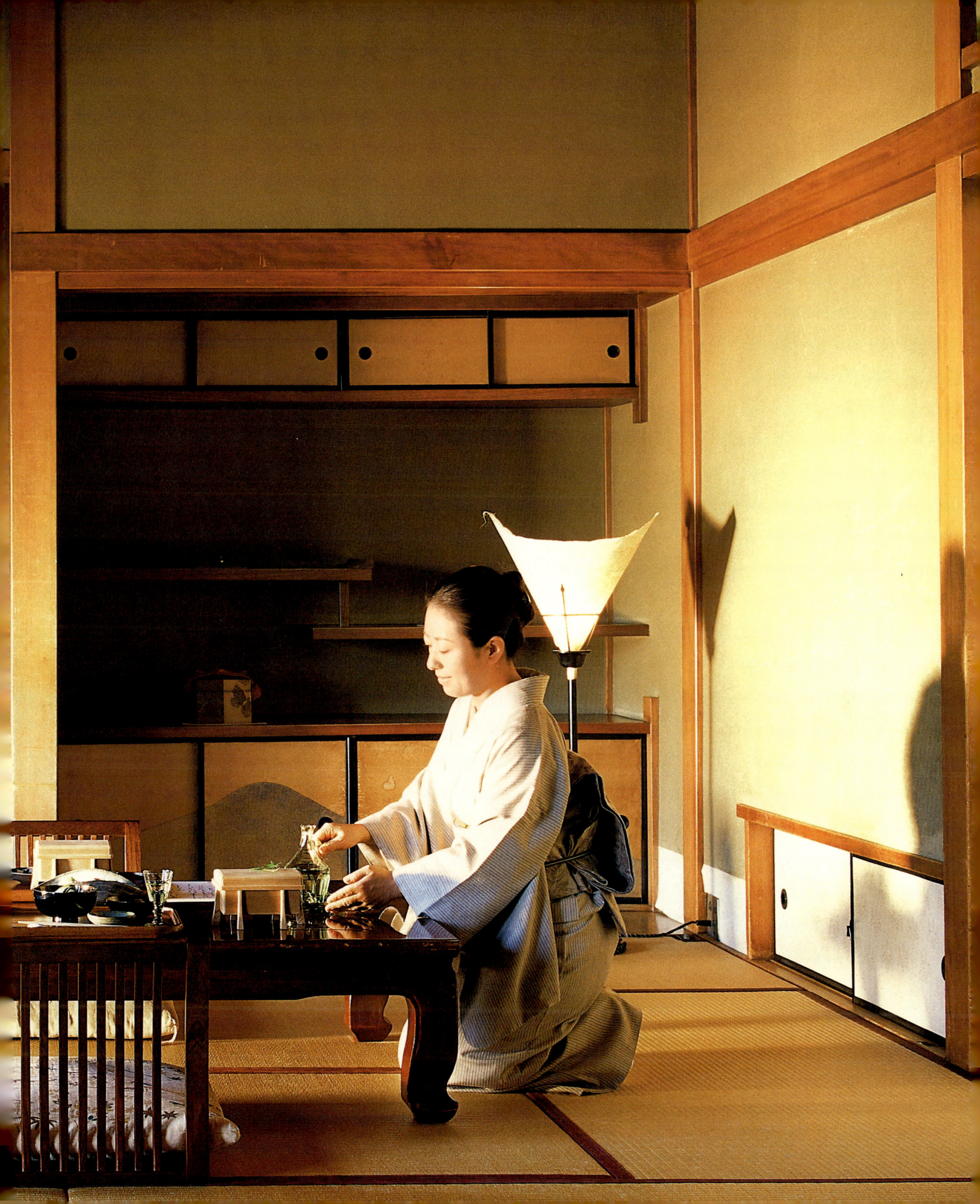

DOBLE PÁGINA ANTERIOR:
Sirviendo la cena en el zashiki (sala de recepción), con un tokonoma (altar ornamental) a la izquierda y una jodan (tarima decorativa) a la derecha, flanqueados por candelabros de pie con pantalla de papel de arroz.

DERECHA:
Comida típica de Kioto con motivos de temporada, presentada en un recipiente de madera con forma de cofre, con un poema clásico escrito con caracteres caligráficos por la propietaria, Kyoko Nakamura.

DOPPIA PAGINA PRECEDENTE:
La cena è servita nella zashiki (sala di ricevimento), con un'alcova tokonoma a sinistra e un jodan (angolo ornamentale) a destra, affiancato da candelabri avvolti in carta di riso.

A DESTRA:
Piatti tradizionali di Kyoto con motivi che richiamano le quattro stagioni, in un contenitore di legno a forma di scrigno, con poesie classiche calligrafate dalla proprietaria Kyoko Nakamura.

PÁGINA DUPLA ANTERIOR:
Jantar a ser servido na zashiki (sala de recepções), com a tokonoma (alcova) à esquerda e o jodan (recanto decorativo) à direita, flanqueados por castiçais envoltos em papel de arroz.

À DIREITA:
Gastronomia de Quioto com iguarias sazonais servidas num recipiente de madeira com a forma de caixa do tesouro, acompanhadas de um poema clássico escrito em caligrafia japonesa pela proprietária Kyoko Nakamura.

YOSHIDA SANSO / KYOTO

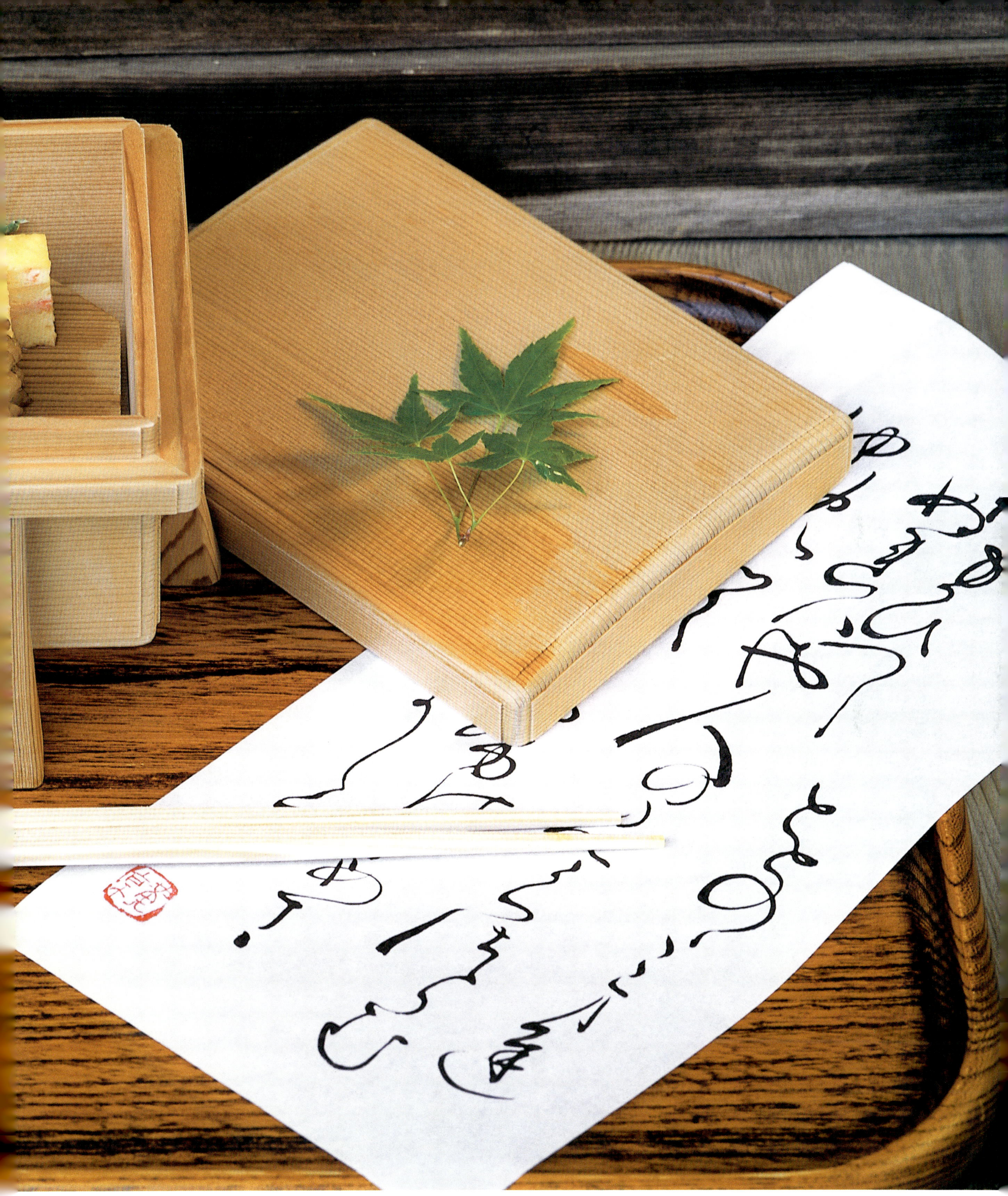

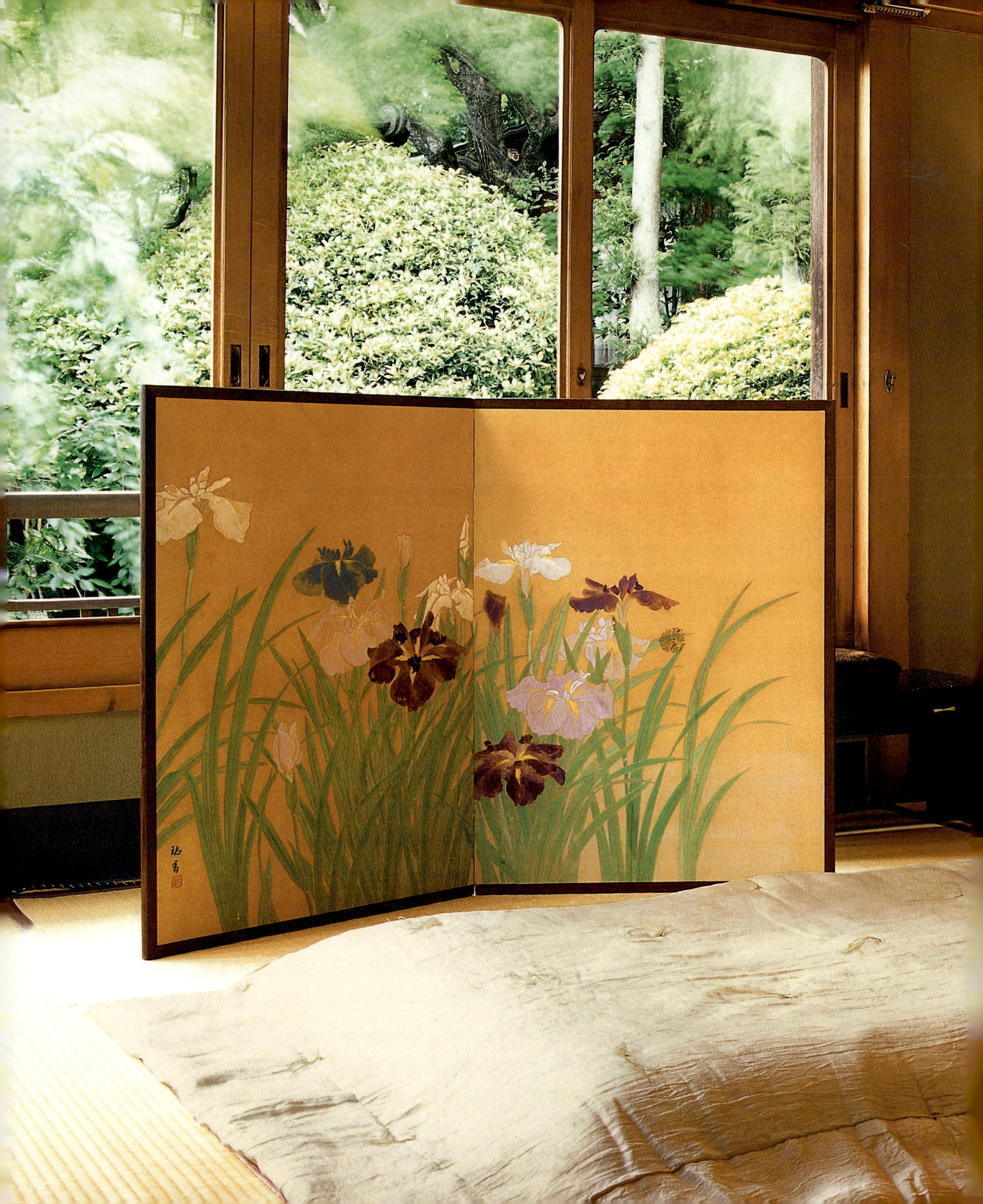

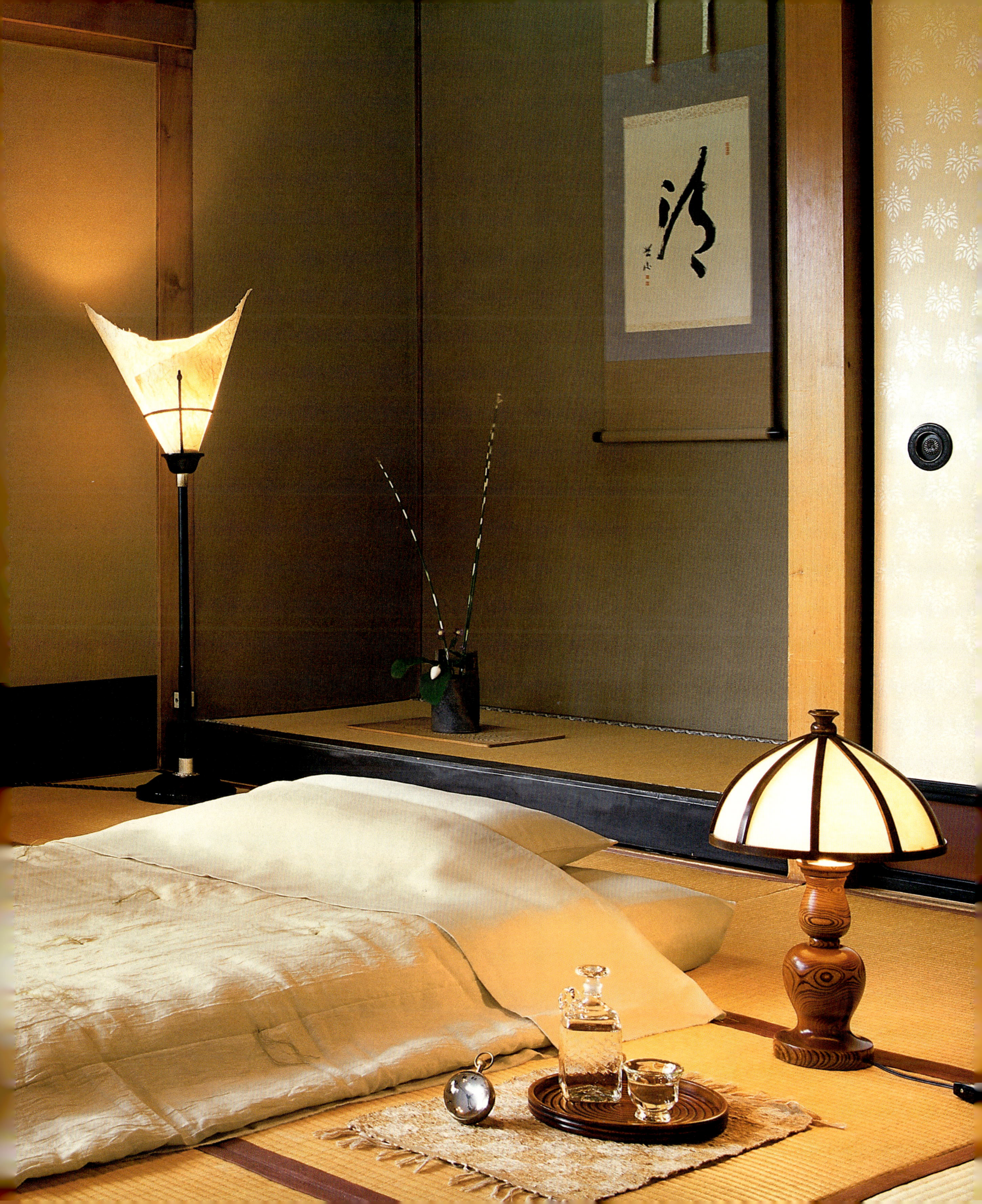

DOBLE PÁGINA ANTERIOR:
Estancia acondicionada como dormitorio: una cama y una mampara, una lámpara de pie, una bandeja con agua y un candelabro envuelto en papel de arroz frente al tokonoma.

DERECHA:
Escritorio lacado en negro con un suzuri-bako *(caja donde se guarda la tinta, el pincel y el tintero de piedra) y un arreglo floral en un jarrón de cerámica de Bizen.*

PÁGINA DE LA DERECHA:
Cama en una habitación de huéspedes, flanqueada por una mampara de dos paneles pintada con motivos de lirios. Sobre la cama hay una muestra de caligrafía del padre de la propietaria, Kyoko Nakamura.

DOPPIA PAGINA PRECEDENTE:
Una camera preparata per la notte: la zona letto e un paravento, una lampada da terra, un vassoio con acqua e un candelabro con paralume brillante davanti all'alcova tokonoma.

A DESTRA:
Scrivania laccata in nero con un suzuri-bako *(contenitore per inchiostro, pennello e* suzuri*), un recipiente* bizen-yaki *e una composizione floreale.*

PAGINA DI DESTRA:
Zona letto di una camera per gli ospiti e un paravento a due ante con giaggioli. Le calligrafie sul letto sono opera del padre di Kyoko Nakamura, la proprietaria.

PÁGINA DUPLA ANTERIOR:
Quarto preparado para dormir: cama e biombo, candeeiro de chão, tabuleiro com água e castiçal com quebra-luz em frente da tokonoma.

À DIREITA:
Secretária de laca preta com suzuri-bako *(caixa de tinta, pincel e pedra--tinteiro), com uma jarra de cerâmica de Bizen e um arranjo floral.*

PÁGINA DA DIREITA:
Cama para hóspedes ladeada por um biombo de dois painéis com pintura de íris. Sobre a cama, pode ver-se caligrafia da autoria do pai da proprietária, Kyoko Nakamura.

YOSHIDA SANSO / KYOTO

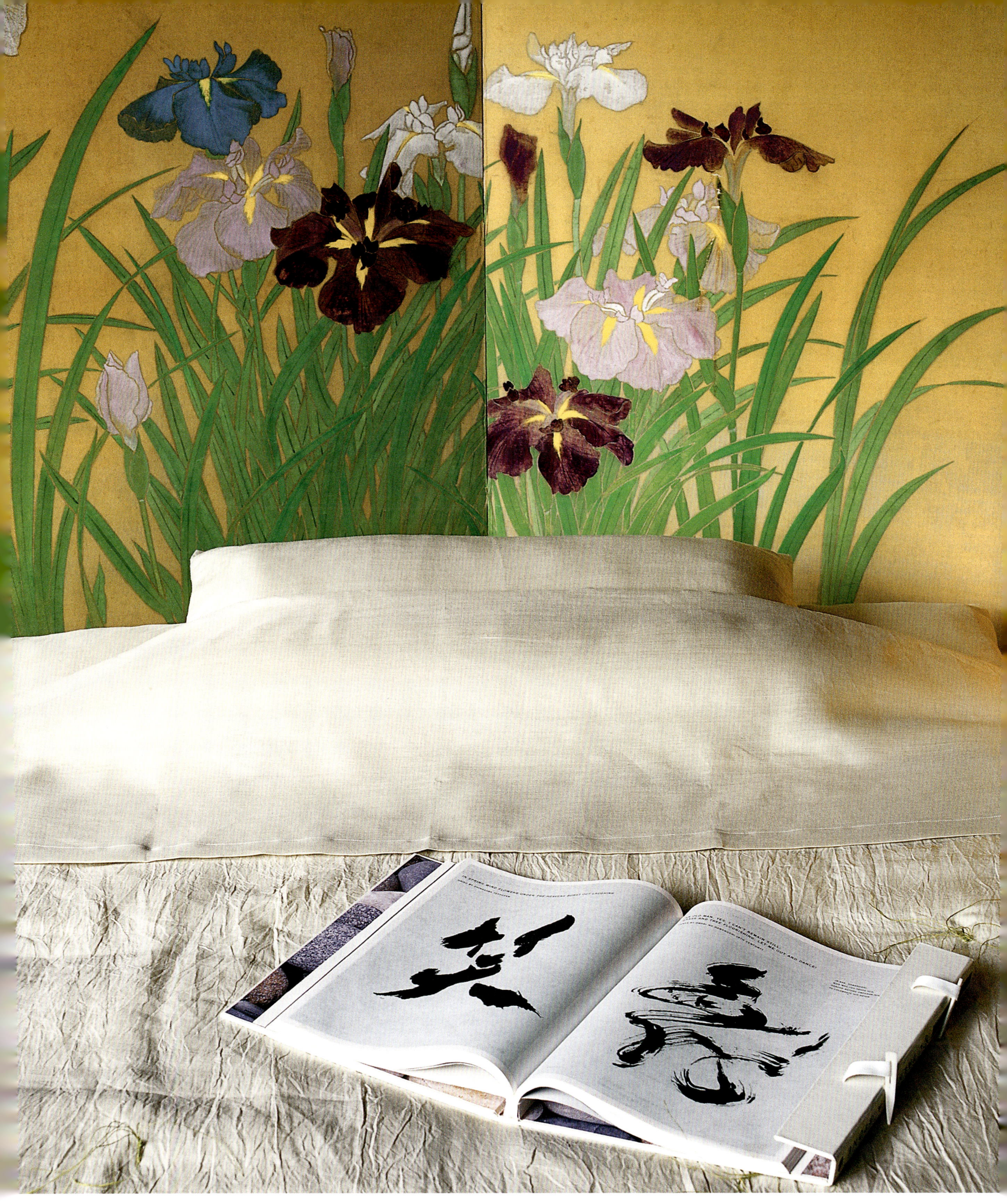

Tenmangu

ALEX KERR
KAMEOKA

Esta casa, construida originariamente como convento de monjas a principios del siglo XVII, fue trasladada a mediados del siglo XVIII a los terrenos de un santuario sintoísta, donde se encuentra en la actualidad. Se caracteriza por el estilo típico de Kioto: cubierta de teja, suelos de *tatami* (estera), *fusuma* (puertas correderas opacas) y falsos techos de madera. En la antigua *doma* o zona de cocina, las vigas del techo quedan a la vista; en 1984 el escritor Alex Kerr reformó dicha estancia para habilitarla como estudio de caligrafía y literatura. El resto de la casa conserva en gran parte su apariencia original, decorada con alfombras y muebles chinos y japoneses, rollos colgantes y biombos. En el pasado esta casa fue la residencia del sacerdote en los terrenos del santuario Yada-Tenmangu, situado en la población de Kameoka, al oeste de Kioto. Hay decenas de miles de santuarios Tenmangu en todo Japón, todos ellos dedicados al mecenas de la caligrafía, la literatura y la erudición. Para un estudioso de la historia (y un amante de la caligrafía) como Alex Kerr no podría haber un lugar más apropiado que esta casa, donde el escritor ha vivido treinta años.

Puerta de acceso al recinto del santuario.

Varco d'accesso al sagrato del tempio.

Portão de acesso ao recinto do santuário.

Costruito originariamente come monastero ai primi del Seicento, l'edificio fu portato qui, sui terreni di un tempio scintoista, verso la metà del XVIII secolo. Lo stile è quello tipico di Kyoto: copertura a tegole, pavimenti ricoperti di *tatami*, *fusuma* (porte scorrevoli opache) e controsoffitti in legno. La vecchia *doma*, o zona cucina, è ancora aperta fino al solaio; nel 1984 lo scrittore Alex Kerr ha trasformato questo spazio in un atelier di calligrafia e scrittura. Il resto della casa conserva praticamente il suo stato originario, con arredi e tappeti cinesi e giapponesi, rotoli dipinti sulle pareti e paraventi. Anticamente la casa ospitava il sacerdote del tempio di Yada-Tenmangû, nella cittadina di Kameoka, ad ovest di Kyoto. Ci sono decine di migliaia di templi Tenmangu in Giappone, tutti dedicati al patrono della calligrafia, della letteratura e del sapere. Lo scrittore, studioso di storia e appassionato di calligrafia Alex Kerr ha vissuto in questa casa per trent'anni adattandola perfettamente alle sue necessità.

Construída no início do século XVII para albergar um convento de freiras, a casa foi deslocada para aqui, para o terreno de um santuário Shinto, em meados do século XVIII. É um bom exemplar do estilo de Quioto: telhados de cerâmica, pavimentos revestidos com *tatami* (tapetes), *fusuma* (portas deslizantes opacas) e tectos falsos de madeira. A antiga *doma*, a copa, ainda tem os barrotes à mostra; em 1984, o escritor Alex Kerr remodelou esta divisão para ser um estúdio de caligrafia e escrita. O resto da casa está praticamente no seu estado original, decorada com mobiliário e tapetes chineses e japoneses, rolos pendentes e biombos articulados. Esta casa era a antiga residência de um sacerdote na propriedade do santuário de Yada-Tenmangu, na cidade de Kameoka, a oeste de Quioto. Há dezenas de milhares de santuários Tenmangu em todo o Japão, todos eles dedicados ao patrono da caligrafia, da literatura e da erudição. Para um estudioso da história e admirador da caligrafia, esta casa onde Alex Kerr reside há trinta anos é perfeita para o seu proprietário.

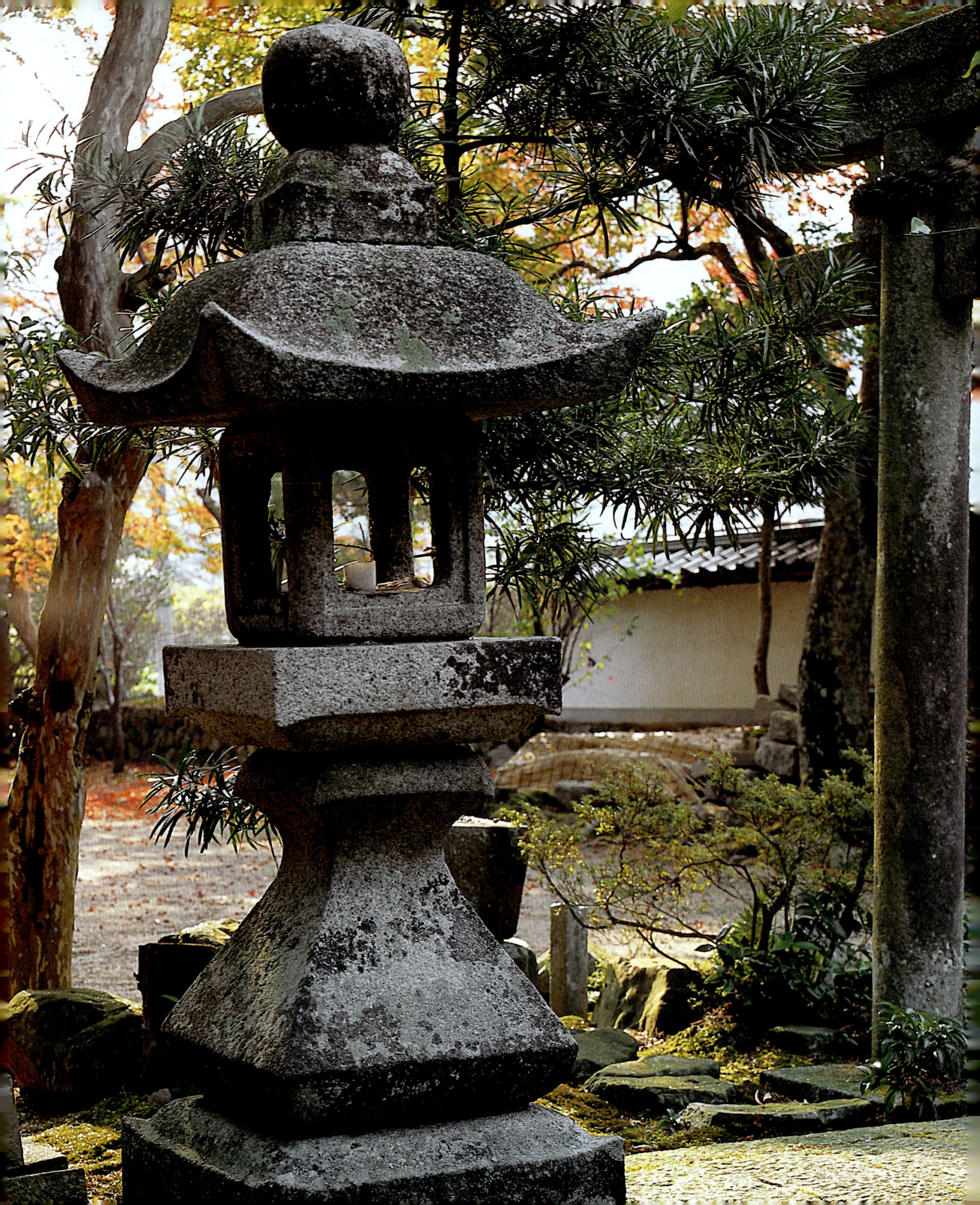

IZQUIERDA:
Farol de piedra del periodo Edo (1603–1868) junto al camino que conduce al santuario.

DERECHA, ARRIBA:
Tsukubai (pila de purificación) llena de guijarros.

DERECHA, ABAJO:
Arces otoñales entre las antiguas raíces y piedras del jardín de Tenmangu.

A SINISTRA:
Lanterna di pietra dell'epoca Edo (1603–1868) lungo il percorso che porta al tempio.

A DESTRA, IN ALTO:
Tsukubai (vasca per la purificazione) piena di pietre.

A DESTRA, IN BASSO:
Aceri autunnali tra le radici e le pietre antiche del giardino di Tenmangu.

ESQUERDA:
Lanterna de pedra do período Edo (1603–1868) à beira do caminho que leva ao santuário.

À DIREITA, EM CIMA:
Tsukubai (bacia de purificação) cheia de pequenas pedras.

À DIREITA, EM BAIXO:
Os tons outonais do ácer entre as raízes e as pedras antigas do jardim de Tenmangu.

TENMANGU / KAMEOKA

En la estancia principal destaca una mesa china de la dinastía Qing con un quemador de incienso y una piedra del espíritu; varias andon *(lámparas de pie), una de ellas hecha con papel del guión de una obra de* bunraku *(teatro tradicional de marionetas).*

Nella sala principale, incensiere e pietra spirituale su un tavolo Qing cinese; andon *(lampade da terra), una delle quali presenta iscrizioni del teatro di marionette* bunraku.

Na sala principal, há um queimador de incenso e pedra dos espíritos sobre uma mesa Qing chinesa; andon *(candeeiros de chão), um deles revestido com um guião de* bunraku *(teatro de marionetas).*

TENMANGU / KAMEOKA

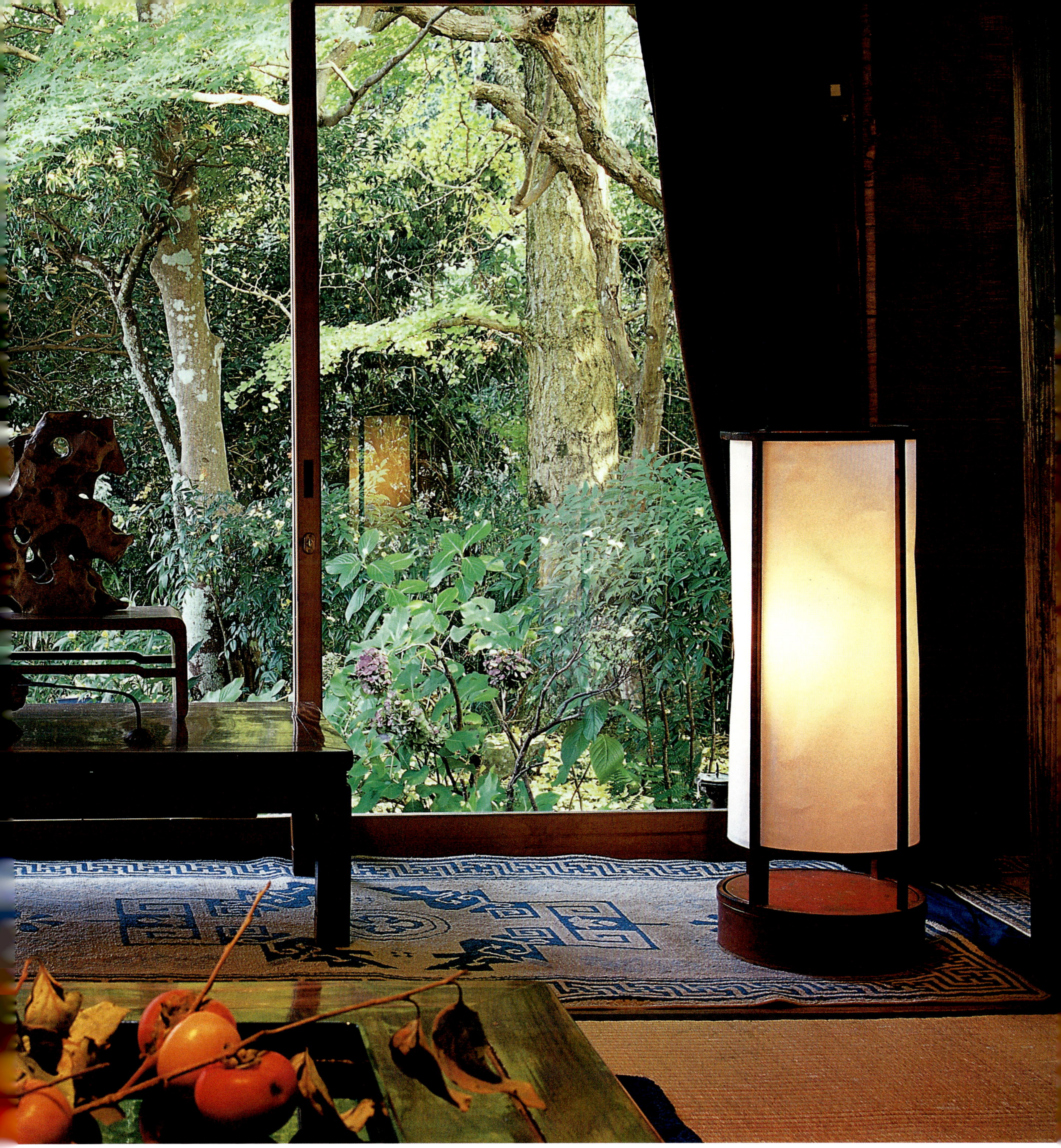

4 x 4 House

BY TADAO ANDO FOR YOSHINORI NAKATA
AKASHI, HYOGO

Ando Tadao se ha hecho famoso en todo el mundo como arquitecto de espacios abstractos formados a partir de bloques de hormigón desnudos, un estilo que alcanza su máxima expresión de sencillez en la llamada casa 4 x 4, una pequeña torre situada a orillas del mar Interior. Todas las plantas de la casa miden 4 x 4 metros, de ahí su nombre. La torre, construida en 2003 por encargo del arquitecto y promotor inmobiliario Yoshinori Nakata, consta de cuatro pisos y un sótano, con una sola estancia por nivel destinada a una única función: vestíbulo, dormitorio, estudio y salón-comedor. En la Iglesia de la Luz de Ando, a las afueras de Osaka, el famoso arquitecto practicó una abertura enorme en forma de cruz en un muro desnudo, convirtiendo así un bloque de hormigón en una mampara para el coro a través de la cual brillaba la luz divina. En la casa 4 x 4 Ando vuelve a sorprendernos. Pese a la aparente austeridad de su distribución, la vivienda se alza hasta un cubo que sobresale, donde alcanza la epifanía. Aquí, un panel de cristal de doble altura orientado al mar ofrece una vista impresionante del mar Interior y el puente Akashi, situado en las proximidades.

Maqueta de madera de la casa 4 x 4.

Modello in legno della Casa 4 x 4.

Modelo em madeira da casa 4 x 4.

Tadao Ando è famoso a livello internazionale come l'architetto degli spazi astratti composti da lastre di cemento a vista. In nessun altro luogo questo suo concetto è così manifesto come nella Casa 4 x 4, una torre sulle sponde del Mare Interno. Ogni piano misura 4 metri per 4, da cui il nome. Costruita nel 2003 per l'architetto e imprenditore edile Yoshinori Nakata, la casa è composta da quattro livelli e un seminterrato, ognuno con un solo spazio dedicato a una singola funzione: sala d'ingresso, camera, studio e soggiorno. Nella Chiesa della luce, nei pressi di Osaka, Ando ha concepito una grande fessura a forma di croce in un muro spoglio, trasformando così una parete di cemento in una grata del coro attraverso cui splende la luce divina. Nella Casa 4 x 4 Ando sorprende di nuovo. Per quanto il progetto possa sembrare spartano, la casa si innalza fino al cubo superiore aggettante, il luogo della grande rivelazione. Qui, la superficie di cristallo a doppia altezza che affaccia sull'acqua rivela una panoramica mozzafiato del Mare Interno e del vicino Ponte Akashi.

Ando Tadao ganhou fama internacional como arquitecto de espaços abstractos formados a partir de placas de betão lisas. Em nenhum outro local este conceito se apresenta tão simples como na casa 4 x 4, uma pequena torre nas margens no Mar Interior. Cada piso mede 4 x 4 metros, daí o nome. Construída em 2003 para o arquitecto e promotor imobiliário Yoshinori Nakata, a casa divide-se em quatro pisos e uma cave, cada um deles com um único espaço dedicado a uma única função: *hall* de entrada, quarto, estúdio e sala de estar/jantar. Na Igreja da Luz que Ando projectou para a região limítrofe de Osaka, o arquitecto perfurou uma cruz alta numa parede e assim transformou uma placa de betão num painel do coro através do qual brilha a luz do divino. Na casa 4 x 4, volta a surpreender-nos. Por muito espartana que pareça a disposição, a casa ergue-se até um cubo descentrado, onde atinge a epifania. Aqui, uma extensão vidrada com a altura de dois pisos que cobre a face do cubo voltada para o mar revela uma vista arrebatadora do Mar Interior e da ponte Akashi, situada nas proximidades.

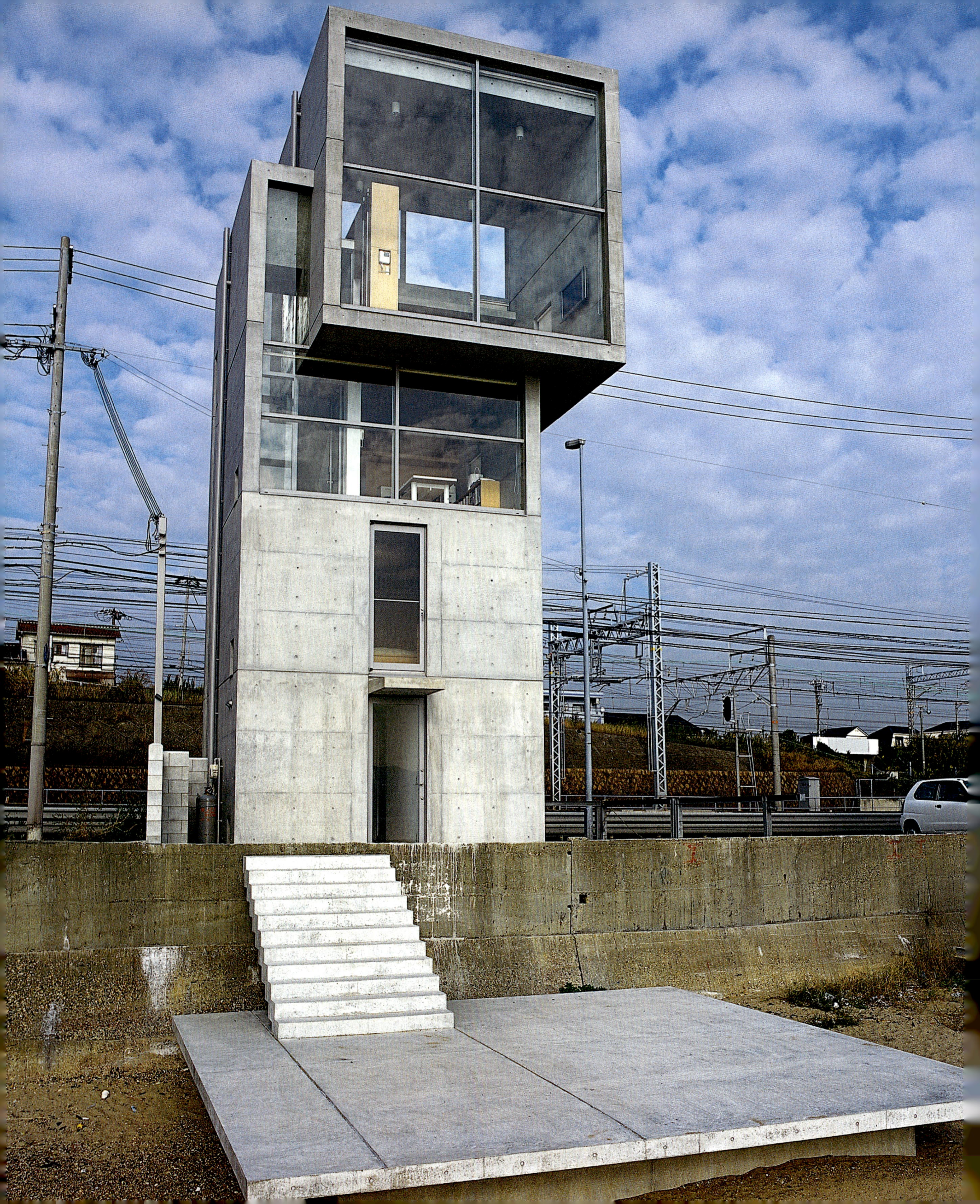

IZQUIERDA:
El cubo superior sobresale de la torre de hormigón un metro hacia el este; unos escalones descienden hasta una plataforma de hormigón que queda medio oculta bajo el agua cuando sube la marea.

DERECHA, ARRIBA:
Ventana del tercer piso con vistas al mar Interior y al puente de Akashi.

DERECHA, ABAJO:
La escalera del cuarto piso vista desde el ático.

A SINISTRA:
Il cubo superiore della torre di calcestruzzo è sfalsato di un metro verso est; gli scalini conducono a una piattaforma di cemento sommersa per metà dal mare con l'alta marea.

A DESTRA, IN ALTO:
La finestra del terzo livello affaccia sul Mare Interno e sul ponte Akashi.

A DESTRA, IN BASSO:
La scala vista dalla soffitta al quarto piano.

ESQUERDA:
O cubo superior da torre de betão está descentrado um metro para este. Os degraus vão dar a uma plataforma de betão que fica meio submersa quando a maré está cheia.

À DIREITA, EM CIMA:
A janela do terceiro piso desfruta de uma ampla vista para o Mar Interior e para a ponte Akashi.

À DIREITA, EM BAIXO:
A escada do quarto piso vista das águas-furtadas.

4 X 4 HOUSE / AKASHI – HYOGO

Una ventana en el muro de hormigón armado sin pulir, característico de Tadao Ando, y una enorme superficie vidriada permiten disfrutar de una vista panorámica del mar Interior desde la cocina y el comedor.

La finestra di una parete in calcestruzzo armato lasciato a vista, caratteristica di Tadao Ando, e le ampie superfici vetrate aprono alla vista il panorama del Mare Interno dalla cucina e dalla zona pranzo.

Uma janela na parede de betão armado sem acabamentos, como é característico de Tadao Ando, e uma ampla superfície vidrada proporcionam vistas panorâmicas do Mar Interior a quem esteja na cozinha e na sala de jantar.

4 X 4 HOUSE / AKASHI – HYOGO

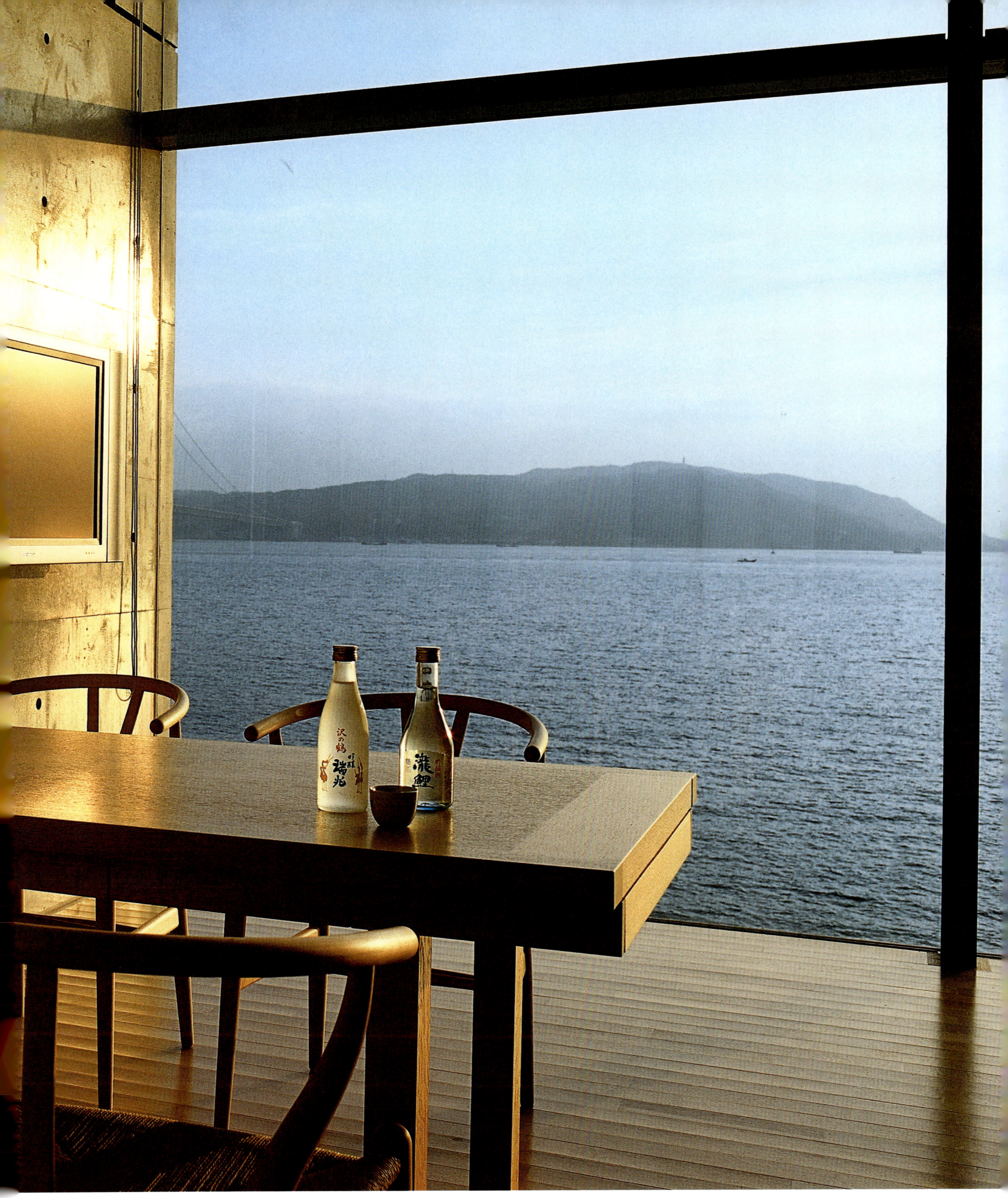
沢の鶴
吟醸
瑞兆
瀧鯉

IZQUIERDA, ARRIBA:
La cocina, vista desde arriba, con el paisaje que se contempla desde la ventana.

IZQUIERDA, ABAJO:
Ando diseñó la mayor parte de los muebles y armarios de la casa.

DERECHA, ARRIBA:
Mesa, sillas, suelo de madera, arena y mar.

DERECHA, ABAJO:
Armarios de cocina diseñados por Ando.

A SINISTRA, IN ALTO:
La cucina, osservata dall'alto, con una vista del territorio dalla finestra.

A SINISTRA, IN BASSO:
Ando ha disegnato la maggior parte degli arredi e dei mobili della casa.

A DESTRA, IN ALTO:
Tavolo, sedie, pavimentazione in legno, sabbia e mare.

A DESTRA, IN BASSO:
Arredi della cucina disegnati da Ando.

À ESQUERDA, EM CIMA:
A cozinha, vista de cima, com uma janela voltada para terra.

À ESQUERDA, EM BAIXO:
Ando concebeu a maioria dos armários e móveis da casa.

À DIREITA, EM CIMA:
Mesa, cadeiras, pavimento de madeira, areia e mar.

À DIREITA, EM BAIXO:
Armários de cozinha concebidos por Ando.

4 X 4 HOUSE / AKASHI – HYOGO

65

Go'o Shrine

BY HIROSHI SUGIMOTO
NAOSHIMA ISLAND, KAGAWA

La pequeña isla de Naoshima es un auténtico museo vivo. El multimillonario Soichiro Fukutake mandó construir Benesse House, un complejo turístico erigido en torno a un museo de arte, y posteriormente decoró la isla con otra galería y con obras de artistas contemporáneos colocadas en puntos estratégicos en playas y carreteras. Como parte de este proceso, el Art House Project, fundado en 1998, invita a artistas de todo el mundo a ocupar edificios antiguos con sus instalaciones. El santuario Go'o, diseñado por el fotógrafo Hiroshi Sugimoto, reinterpreta el tradicional santuario sintoísta dotándolo de una forma nueva. Tanto el recinto de gravilla blanca como la sencillez de las líneas dibujadas por los pilares y los tejados rectos evocan el misterio del santuario Ise, el más sagrado de Japón, que Sugimoto estudió y fotografió. Las escaleras de cristal, de apariencia moderna, se remontan en el tiempo y el espacio al mundo de los antiguos túmulos funerarios. Dichas escaleras, que se pierden bajo tierra, permiten que la luz del santuario penetre en las profundidades subterráneas, ejerciendo de vínculo entre la luz y la vida del espacio superior y los espíritus ancestrales de ultratumba.

Las escaleras de piedra originales, cubiertas con vidrio óptico de primera calidad escogido por su perfección y transparencia, descienden hasta la base del frontón de granito.

Gli scalini di pietra originali, coperti con vetro ottico di gran qualità scelto per la sua perfezione e trasparenza, scendono alla base del frontone di granito.

Os degraus originais, cobertos de vidro óptico de alta qualidade, escolhido pela sua perfeição e transparência, descem até aos pés do frontão de granito.

La piccola isola di Naoshima, nel Mare Interno, è un museo vivente. Il miliardario Soichiro Fukutake vi ha edificato la Benesse House, un hotel turistico che racchiude un museo d'arte, decorando poi l'isola con un'altra galleria e diverse opere d'arte di autori contemporanei ubicate strategicamente lungo le strade e le spiagge. In questo contesto l'Art House Project, avviato nel 1998, invita artisti internazionali a realizzare installazioni sui lotti di antichi edifici. Il Tempio Go'o, concepito dal fotografo Hiroshi Sugimoto, reinterpreta il santuario scintoista tradizionale attribuendogli nuove forme. La ghiaia bianca del recinto e le linee semplici dei pilastri e delle coperture a due spioventi evocano il santo mistero del più sacro dei templi giapponesi, il santuario di Ise, studiato e fotografato da Sugimoto. I gradini di vetro, dall'aspetto moderno, retrocedono nel tempo e nello spazio fino al mondo dei tumuli funerari. La scala scorre in basso e lascia filtrare la luce del tempio nelle profondità della terra, mettendo in comunicazione lo spazio luminoso e vitale della superficie con gli spiriti ancestrali della terra.

A pequena ilha de Naoshima no Mar Interior é um museu vivo. O bilionário Soichiro Fukutake construiu a Benesse House, um hotel e *resort* em torno de um museu de arte, e depois decidiu embelezar a ilha com outra galeria e obras de arte de artistas contemporâneos dispostas em pontos estratégicos ao longo das estradas e praias. Integrado neste processo, o Art House Project, fundado em 1998, convida artistas de todo o mundo a criarem instalações em edifícios antigos. O santuário Go'o, concebido pelo fotógrafo Hiroshi Sugimoto, reinterpreta o tradicional santuário Shinto em novas formas. A plataforma de gravilha branca e as linhas simples dos pilares e tectos direitos conjuram o mistério do santuário de Ise, o mais sagrado do Japão, que Sugimoto estudou e fotografou. Os degraus de vidro, de aparência moderna, remontam no tempo e no espaço ao mundo dos túmulos ancestrais. Fluindo até às profundezas subterrâneas, os passos levam a luz do santuário às profundezas da terra, unindo o espaço de luz e vida lá em cima com os espíritos ancestrais da terra.

IZQUIERDA, ARRIBA:
Unas escaleras de piedra, recubiertas de cristal, conducen desde la haiden (sala de culto) hasta el honden (santuario principal).

IZQUIERDA, ABAJO:
Las escaleras de cristal siguen adentrándose bajo tierra hasta la «cámara de piedra», una estructura subterránea a modo de cripta situada bajo la sala de culto, donde la luz que penetra parece iluminar una escalera hacia el cielo.

DERECHA:
La haiden enmarca las escaleras, originariamente de piedra y hoy cubiertas de cristal. Un manto de guijarros blancos bordea el santuario, delimitando el recinto sagrado.

A SINISTRA, IN ALTO:
Gli scalini di pietra, rivestiti di vetro, conducono dall'haiden (sala di preghiera) all'honden (santuario principale).

A SINISTRA, IN BASSO:
Gli scalini di vetro scendono sottoterra fino alla Camera di Pietra, una sorta di cripta al di sotto della sala di preghiera, dove la luce che filtra crea una scala virtuale che conduce al paradiso.

A DESTRA:
L'haiden incornicia la scala di pietra originale rivestita di vetro. Un prato di ghiaia bianca, che delinea il perimetro sacro, circonda il tempio.

À ESQUERDA, EM CIMA:
Os degraus de pedra, cobertos de vidro, levam da haiden (sala de culto) ao honden (santuário principal).

À ESQUERDA, EM BAIXO:
Os degraus de vidro continuam para o subsolo até à Câmara de Pedra, uma estrutura semelhante a uma cripta por baixo da sala de culto, onde a luz entra de forma a criar uma escada virtual para o céu.

À DIREITA:
A haiden enquadra os antigos degraus de pedra, que actualmente estão cobertos de vidro. À volta do santuário, um campo de pedras brancas marca o terreno sagrado.

GO'O SHRINE / NAOSHIMA ISLAND – KAGAWA

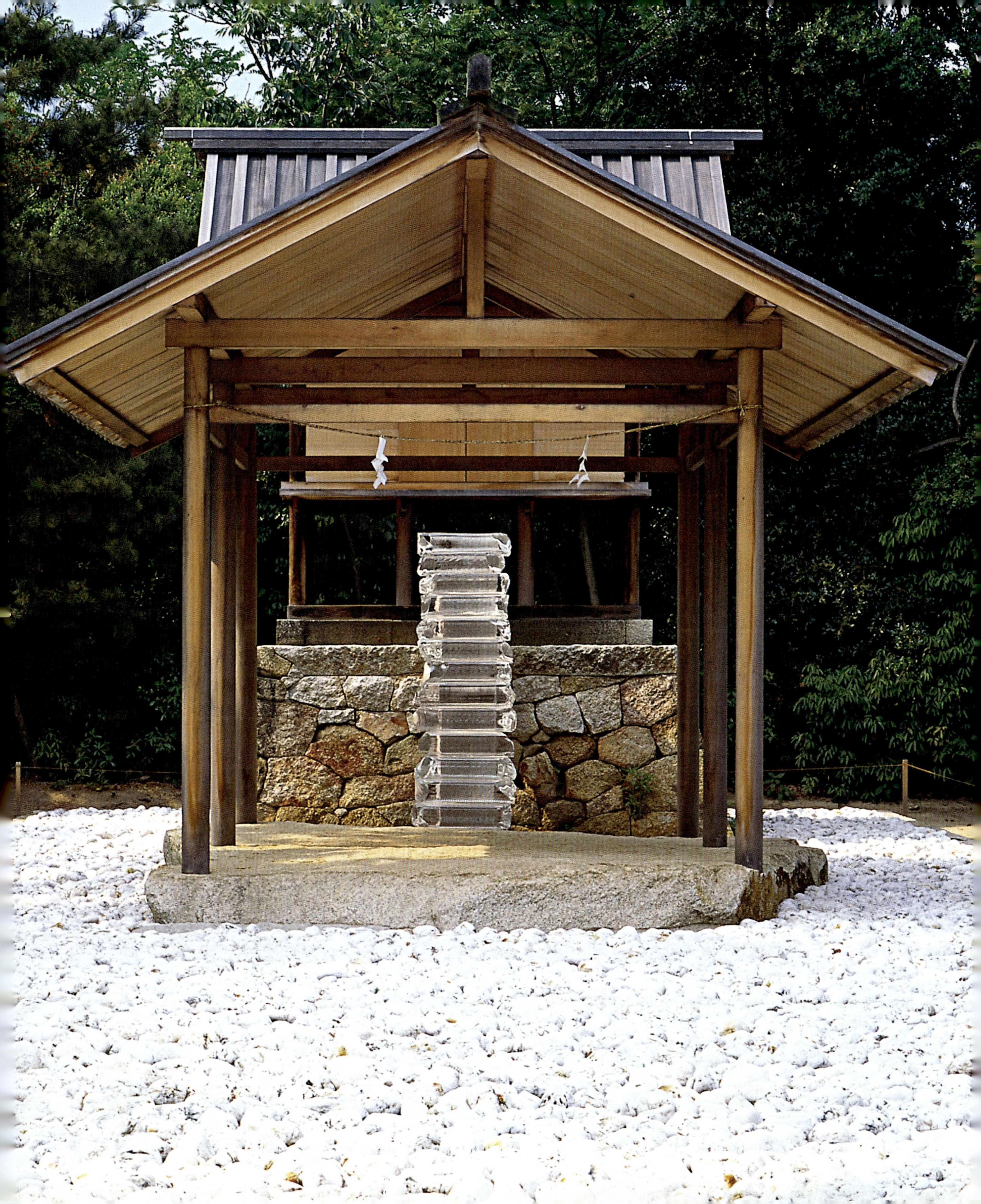

Stone House

MASATOSHI IZUMI
MURE, KAGAWA

El encuentro entre el escultor Isamu Noguchi y el joven picapedrero Masatoshi Izumi en Mure en 1966 fue uno de los grandes momentos de la historia del arte, pues juntos acabarían dando vida a las obras maestras de los últimos años de Noguchi. Tras la muerte de este en 1988, Izumi prosiguió su andadura en solitario, y actualmente se lo considera uno de los escultores más destacados de Japón. Lo que suele pasarse por alto en esta historia es el papel crucial que desempeñó el modesto Izumi, al regalar a Noguchi su estilo basado en una historia familiar de varias generaciones de labradores de piedra: dejar las superficies sin pulir para poder apreciar la piedra en estado puro. La casa de Izumi, situada en una colina sobre el estudio de Noguchi, guarda una relación pasional con la piedra. Todo, desde las paredes hasta los suelos, pasando por el *tokonoma* (altar ornamental) está hecho de piedra: pulida, sin pulir, partida, serrada, agrietada o tallada, enormes bloques de varias toneladas de peso y piedrecillas diminutas. Un ligero armazón geodésico diseñado por Noguchi hace las veces de cubierta. El «espíritu de la piedra» confiere a la casa un aire de espacio sagrado propio de un santuario sintoísta.

Paredes y suelos son de aji-ishi, un granito de primera calidad procedente de las canteras cercanas. Isamu Noguchi diseñó los faroles de papel conocidos como akari y aconsejó el uso de un ligero armazón de acero para el techo.

Le pareti e le pavimentazioni sono di aji-ishi, un elegante granito delle cave vicine. Isamu Noguchi ha concepito le lanterne di carta, denominate akari, e ha soprinteso alla realizzazione del leggero reticolo d'acciaio della copertura.

As paredes e os pavimentos são feitos de aji-ishi, um granito fino extraído em pedreiras das proximidades. Isamu Noguchi concebeu as lanternas de papel, conhecidas por akari, e fez algumas recomendações para o tecto com uma armação leve de aço.

L'incontro tra lo scultore Isamu Noguchi e il giovane scalpellino Masatoshi Izumi nella cittadina di Mure nel 1966 è stato uno dei grandi momenti della storia dell'arte. Assieme hanno collaborato alla realizzazione degli ultimi capolavori di Noguchi. Dopo la sua morte, avvenuta nel 1988, Izumi ha portato avanti la sua attività ed è ora riconosciuto come uno dei migliori scultori giapponesi. Al riguardo, ciò che di solito passa inosservato è l'importanza del ruolo svolto dal modesto Izumi, che ha fatto un regalo impagabile a Noguchi basato sulla sua eredità familiare ricevuta da diverse generazioni di artigiani dell'intaglio: mantenere grezze le superfici ruvide e lasciare che la pietra sia se stessa. La casa di Izumi sorge su un'altura al di sopra dello studio di Noguchi e rappresenta la sua storia d'amore con la pietra. Le pareti, i pavimenti e perfino la *tokonoma* (alcova) sono tutti in pietra; levigata, grezza, spaccata, segata, frantumata, tagliata, massiccia, di tonnellate di peso o piccola, come un sassolino. Il complesso è coperto da una struttura geodetica leggera, disegnata da Noguchi. Lo 'spirito della pietra' dà alla casa il carattere di un luogo sacro scintoista.

O encontro entre o escultor Isamu Noguchi e o jovem pedreiro Masatoshi Izumi na cidade de Mure em 1966 foi um dos grandes momentos da história da arte. Juntos, produziram as obras-primas dos últimos anos de Noguchi. Após a morte de Noguchi em 1988, Izumi prosseguiu o seu trabalho e é actualmente reconhecido como um dos maiores escultores do Japão. Todavia, nesta história não se dá normalmente o devido valor ao papel fundamental desempenhado pelo modesto Izumi. Ele ofereceu a Noguchi um conselho incalculável que radica na longa experiência da sua família neste ofício: deixar as superfícies em bruto e deixar a pedra ser ela própria. A casa de Izumi, assente numa elevação por cima do estúdio de Noguchi, é um caso sério de amor à pedra. As paredes, pavimentos e até a *tokonoma* (alcova) são feitos de pedra: polida, em bruto, partida, serrada, rachada, picada, maciça e pesando toneladas ou minúscula, do tamanho de um seixo. A estrutura leve do telhado geodésico, concebida por Noguchi, cobre este conjunto. O «espírito da pedra» confere à casa uma sensação de espaço Shinto sagrado, puro como a água de nascente que corre sobre as pedras num ribeiro de montanha.

72

IZQUIERDA, ARRIBA:
El tejado triangular sobre un rectángulo de piedra responde a la disposición geométrica propia del estilo de Isamu Noguchi. La luz interior se proyecta hacia fuera a través del cristal que cubre el hueco entre la pared y el techo.

IZQUIERDA, ABAJO:
Izumi nunca desperdicia un pedazo de piedra: los fragmentos que sobran de las piezas que trabaja en su taller acaban apilados en el jardín delantero, entre plantas que crecen a sus anchas en un espacio donde la naturaleza reclama la obra del hombre.

DERECHA, ARRIBA:
Viejas piedras de faroles cubiertas de musgo y tallas de santuario se mezclan con fragmentos más recientes en el jardín trasero.

DERECHA, ABAJO:
Izumi, de la cuarta generación de picapedreros Masatoshi, parte las piedras para descubrir su alma. Las pulidas superficies internas contrastan con la rugosa textura de las rocas.

A SINISTRA, IN ALTO:
La copertura triangolare su un rettangolo di pietra è una soluzione geometrica caratteristica di Isamu Noguchi. La luce filtra attraverso lo spazio intermedio tra le pareti e il soffitto in cui si alternano le linee del vetro e dell'acciaio.

A SINISTRA, IN BASSO:
Izumi utilizza al massimo tutta la pietra di cui dispone. Gli scarti del suo atelier giacciono ammucchiati nel giardino frontale, dove le piante crescono liberamente e la natura rivendica il suo protagonismo sulle opere umane.

A DESTRA, IN ALTO:
Le vecchie pietre di antiche lanterne e delle sculture dei templi ricoperte di muschio giacciono assieme ai residui più moderni nel giardino sul retro.

A DESTRA, IN BASSO:
Da quattro generazioni, la famiglia di Masatoshi Izumi lavora la pietra per rivelarne l'anima. Le superfici interne levigate contrastano con le pietre grezze.

À ESQUERDA, EM CIMA:
O telhado triangular sobre um rectângulo de pedra compõem um conjunto geométrico ao estilo de Isamu Noguchi. A luz brota da folga entre a parede e o tecto com armação de aço e cobertura de vidro.

À ESQUERDA, EM BAIXO:
Izumi nunca desperdiça uma pedra que seja. Os fragmentos não utilizados pelo seu atelier estão empilhados no jardim da frente, onde as ervas crescem livremente, retomando posse do que o homem moldou.

À DIREITA, EM CIMA:
Pedras antigas, cobertas de musgo, de lanternas antigas e esculturas de santuários convivem com fragmentos mais recentes no jardim de trás.

À DIREITA, EM BAIXO:
Masatoshi Izumi, descendente em quarta geração, fende as pedras para revelar o íntimo das suas almas. As superfícies internas polidas contrastam com o exterior de seixos de textura abrasiva.

STONE HOUSE / MURE – KAGAWA

DERECHA:
Rincón de la sala de acceso. La hierba crece en los huecos de la pared. Un tiesto con flores silvestres del jardín aporta un toque de color al entorno.

PÁGINA DE LA DERECHA:
La piedra, el bambú, el papel y el tatami (estera) enmarcan la vista del jardín trasero desde el delantero, a través de la estancia con tokonoma.

DOBLE PÁGINA SIGUIENTE:
Una mesa hecha con un tronco enorme sirve como centro de la sala. Rocas gigantescas se elevan a los lados a modo de macizas paredes, mientras que el suelo está formado por losas de granito, salpicadas de agua para recibir visitas.

A DESTRA:
Angolo della sala d'accesso. La vegetazione spunta negli interstizi delle pareti. Un vaso accoglie i fiori selvatici del giardino.

PAGINA DI DESTRA:
Pietra, bambù, carta e tatami incorniciano lo spazio aperto sul retro visto dal giardino frontale, attraverso la camera con l'alcova tokonoma.

DOPPIA PAGINA SEGUENTE:
Un tavolo ricavato da un enorme tronco costituisce l'elemento principale della zona d'ingresso. Le pietre massicce che si ergono come pareti e le lastre di granito, spruzzate d'acqua per ricevere gli ospiti, compongono il pavimento.

À DIREITA:
Recanto da sala da recepção. As ervas crescem dos interstícios da parede. O vaso tem flores selvagens do jardim.

PÁGINA DA DIREITA:
Pedra, bambu, papel e tatami (esteras) emolduram a vista do jardim da frente para o jardim de trás, atravessando a sala da tokonoma.

PÁGINA DUPLA SEGUINTE:
Uma mesa feita a partir de um enorme tronco é o centro das atenções na sala da recepção. Pedras gigantescas erguem-se como paredes e as lajes de granito, borrifadas com água para receber os convidados, formam o pavimento.

STONE HOUSE / MURE – KAGAWA

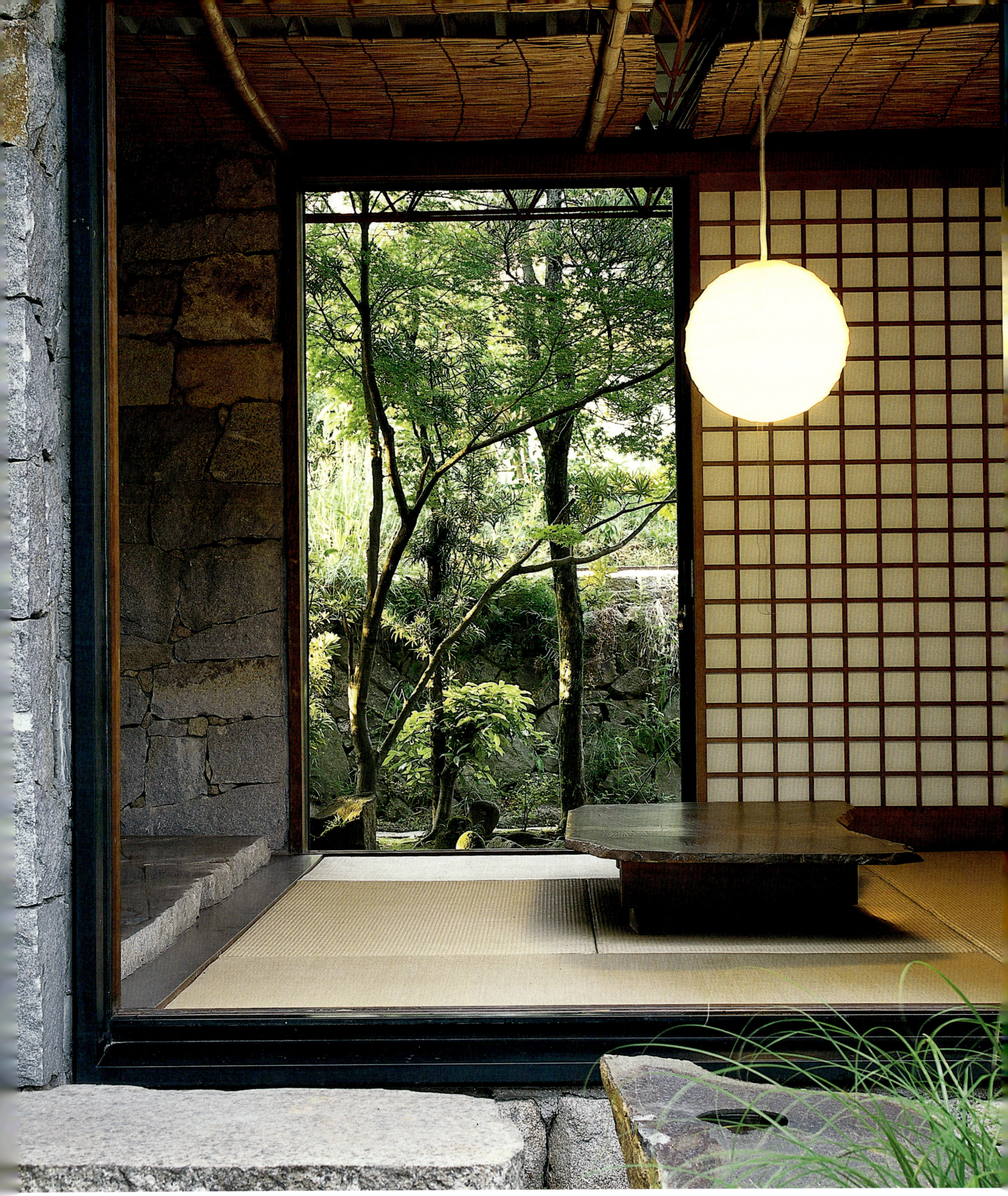

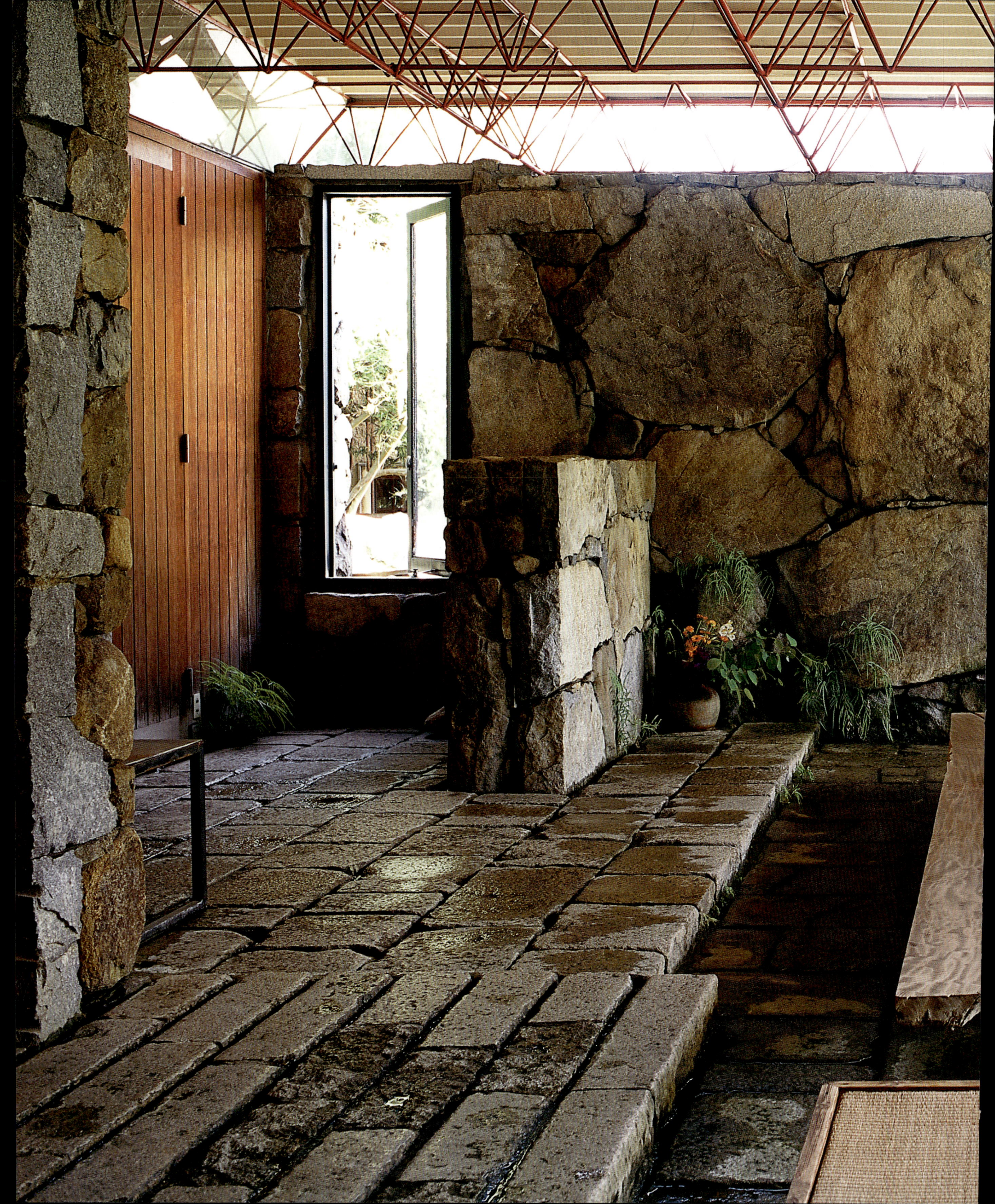

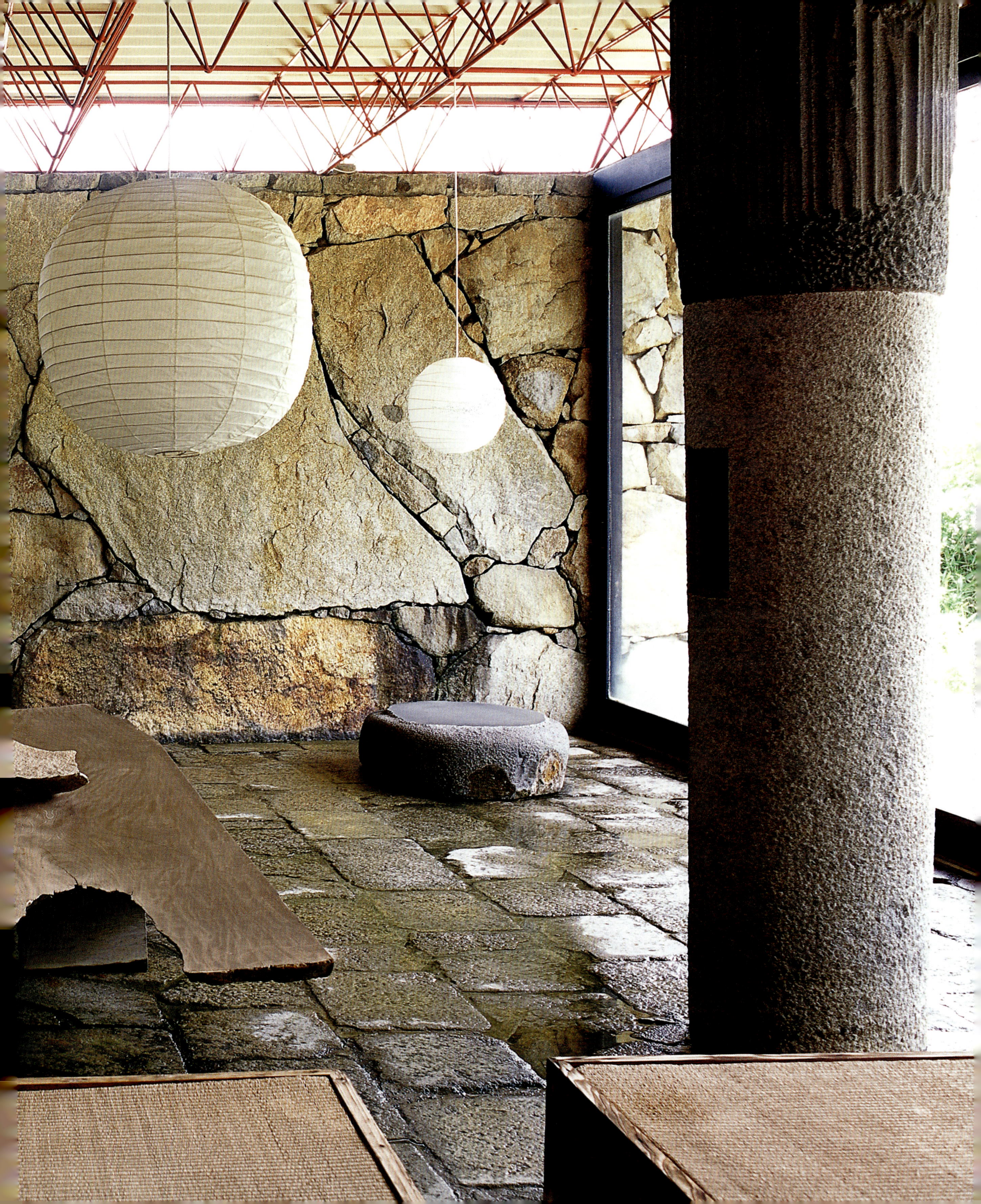

Chiiori

ALEX KERR AND MASON FLORENCE
IYA, TOKUSHIMA

Chiiori es una casa de campo situada en el valle de Iya, en la isla de Shikoku. Dicho valle, donde se encuentran los desfiladeros más profundos de Japón, servía a finales del siglo XII como refugio para guerreros que huían víctimas de una derrota. Incluso hoy en día sigue siendo un paraje remoto, con casas de tejado de paja que cuelgan sobre simas envueltas por nubes y niebla. El escritor Alex Kerr compró la casa en 1973 y la bautizó con el nombre de Chiiori, «la casita de la flauta». En 1997 Mason Florence se convirtió en copropietario de la misma. Pese a no ser una construcción muy grande, la ausencia de paredes y techos hace de su interior un amplio espacio con apariencia de catedral. Construida a principios del siglo XVIII, Chiiori posee un tejado hecho de *kaya* (paja brava de hojas largas) y tres hogares *(irori)*, en torno a los cuales es costumbre sentarse para cocinar y calentarse en invierno. Con el paso de los siglos el humo procedente de dichos hogares ha ennegrecido el interior de la casa, hasta el punto de que las vigas, los pilares e incluso los suelos están cubiertos de una capa negra reluciente, lo que en japonés antiguo se denomina «brillo negro».

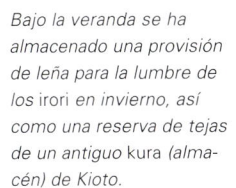

Bajo la veranda se ha almacenado una provisión de leña para la lumbre de los irori en invierno, así como una reserva de tejas de un antiguo kura (almacén) de Kioto.

Sotto la veranda, la scorta invernale di legna per l'írori e alcune tegole provenienti da un antico kura (magazzino) di Kyoto.

Debaixo da varanda está guardada a lenha para usar durante o Inverno nas irori, bem como telhas de um antigo kura (armazém) de Quioto.

Chiiori è una fattoria con tetto di paglia nella valle di Iya, sull'isola di Shikoku. Iya, con le gole più profonde del Giappone, rappresentava un rifugio per i guerrieri sconfitti in fuga verso la fine del XII secolo. Ancora oggi è un luogo remoto, dove le case con tetto di paglia si arrampicano in alto sugli abissi ribollenti di nuvole e nebbia. Lo scrittore Alex Kerr comprò la casa nel 1973, dandole il nome Chiiori, che significa «villa del flauto». Nel 1997, Mason Florence è diventato suo comproprietario. La struttura non è grande ma, grazie all'assenza di pareti e soffitti, l'interno si configura come un vasto spazio che ricorda una cattedrale. Costruita verso i primi del XVIII secolo, Chiiori presenta un tetto di paglia fatto di *kaya* (lunghe foglie di canna) e tre focolari a terra *(irori)*, per cucinare e riscaldarsi durante l'inverno. Con il passare dei secoli, il fumo degli *irori* ha annerito l'interno della casa, e le travi, i pilastri e perfino i pavimenti hanno acquisito una tonalità nera brillante che in giapponese antico prende il nome di «bagliore nero».

Chiiori é uma casa de campo com telhado de colmo no vale de Iya, na ilha de Shikoku. Iya, com os desfiladeiros mais profundos do Japão, era um local de refúgio para onde se escapavam os guerreiros derrotados no final do século XII. Ainda hoje é um lugar remoto, com casas com telhados de colmo aninhadas no topo de abismos donde brotam nuvens e a bruma. O escritor Alex Kerr comprou a casa em 1973, baptizando-a de Chiiori, que significa «Cabana da Flauta». Em 1997, Mason Florence tornou-se comproprietário. A casa não é uma estrutura muito grande, mas a ausência de paredes ou tectos significa que o interior se organiza num espaço único semelhante a uma catedral. Construída no início do século XVIII, a Chiiori tem um telhado de *kaya* (erva das pampas de folha longa) e três lareiras de chão *(irori)*, à volta das quais os habitantes se sentam para cozinhar e para se aquecerem no Inverno. Após séculos de fumo a erguer-se das *irori*, o interior da casa foi escurecendo e as traves, os pilares e até mesmo os pavimentos já adquiriram uma cor preta brilhante, que em antigo japonês recebe a designação de «cintilação negra».

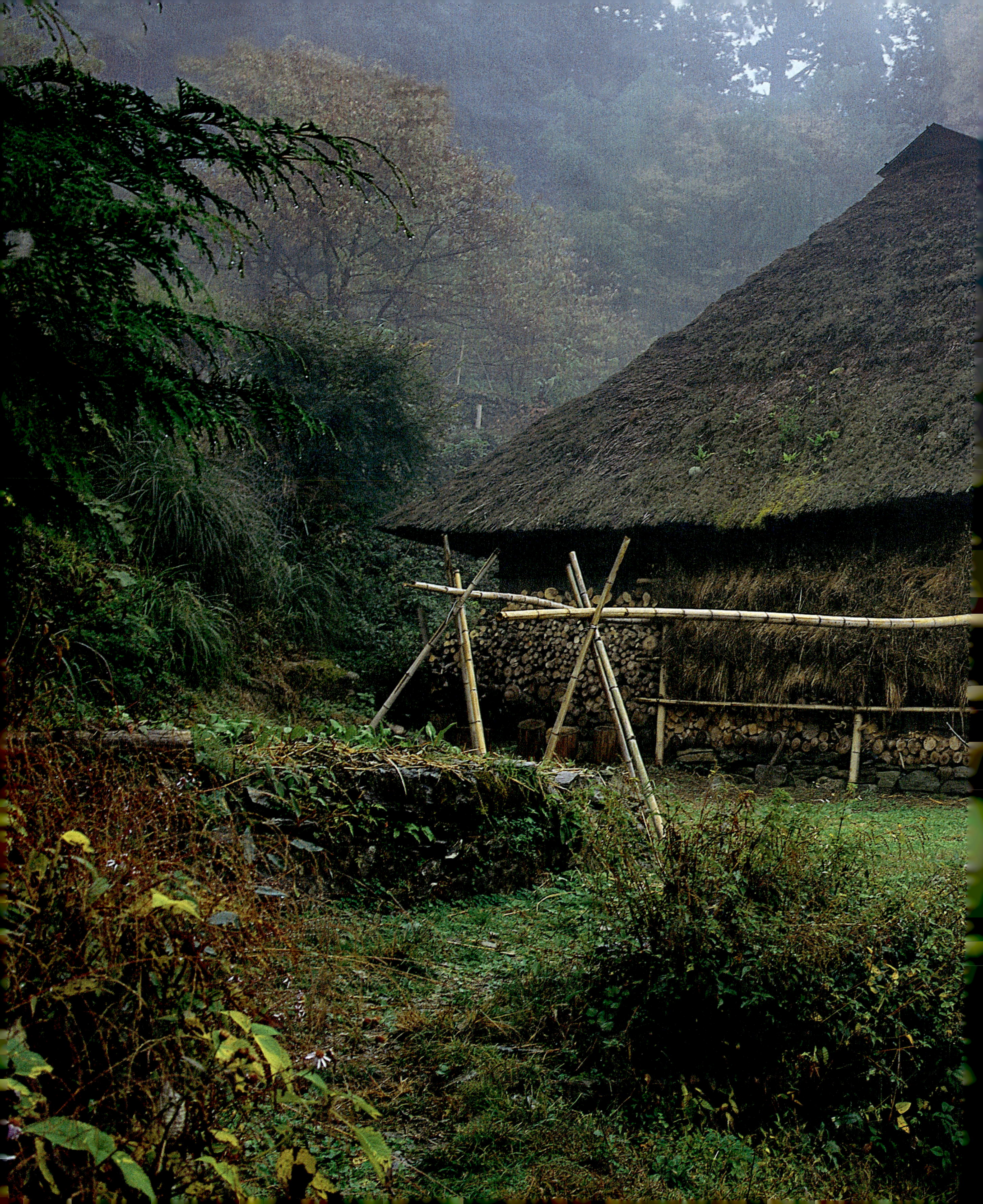

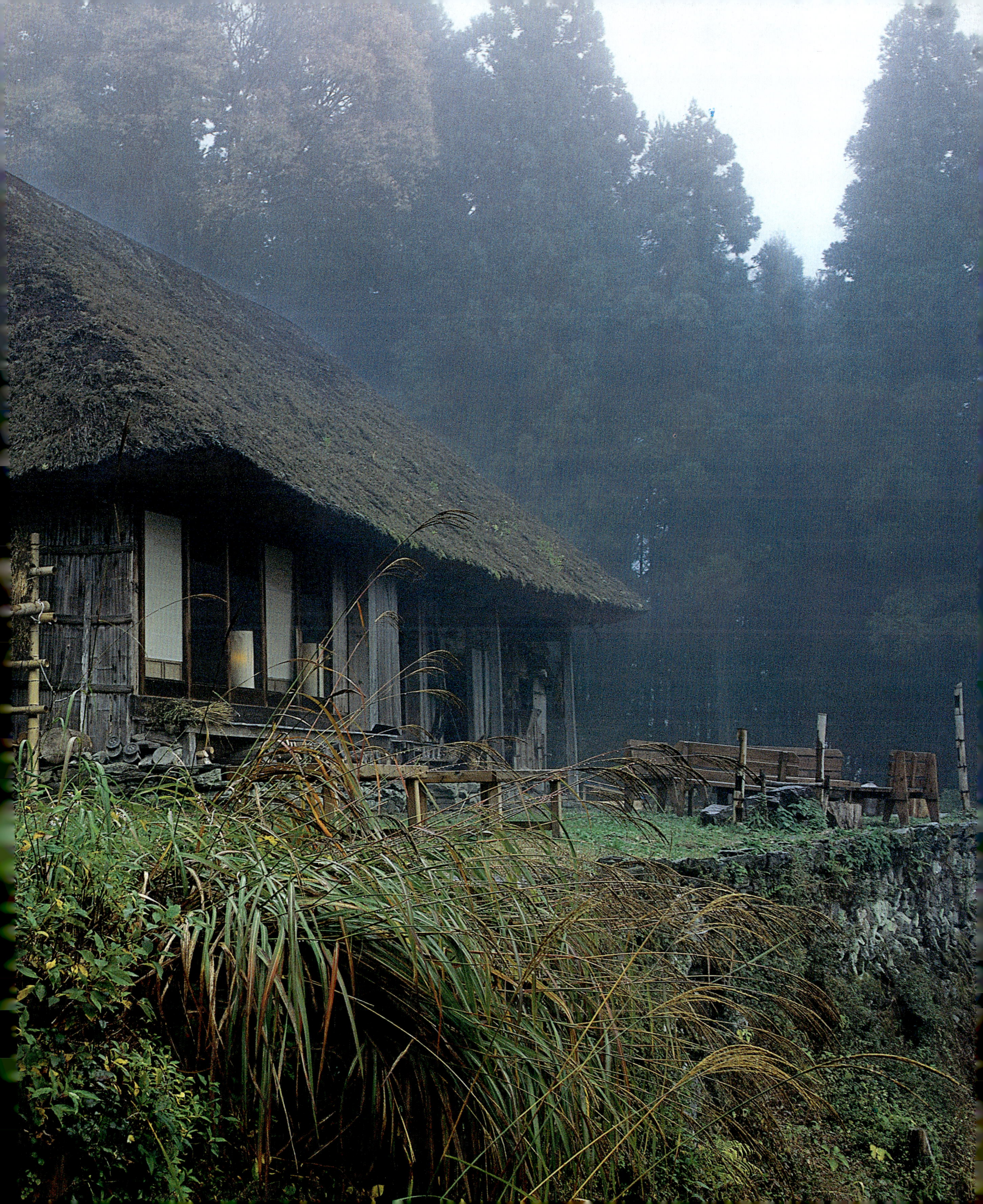

DOBLE PÁGINA ANTERIOR:
Chiiori sumida en una niebla otoñal. El techo está cubierto de kaya; en primer plano se ve la alta fronda del cañizo y el camino que conduce al pueblo.

DERECHA:
Antiguos aperos de labranza, entre ellos una trilladora de arroz de madera, una rejilla para transportar grandes pesos en las montañas y varios impermeables hechos de juncia.

PÁGINA DE LA DERECHA:
Piedras para moler soba (trigo sarraceno) en harina y un fardo de hierbas de montaña.

DOPPIA PAGINA PRECEDENTE:
Chiiori nella nebbia autunnale. La copertura è rivestita di kaya; in primo piano, alte fronde di kaya e il sentiero che porta al paese.

A DESTRA:
Antichi strumenti rurali, tra cui un attrezzo di legno per trebbiare il riso, un altro per trasportare carichi in montagna e indumenti di falasco per la pioggia.

PAGINA DI DESTRA:
Pietre per macinare la soba (farina di grano saraceno) e un mazzo di erbe di montagna.

PÁGINA DUPLA ANTERIOR:
Chiiori na bruma do Outono. O telhado é feito de kaya. Em primeiro plano, vêem-se as frondes altas de kaya e o caminho para a aldeia.

À DIREITA:
Antigas alfaias agrícolas, incluindo uma debulhadora de arroz em madeira, um suporte para carregar fardos nas montanhas e albornozes de carriço.

PÁGINA DA DIREITA:
Pedras para moer soba (trigo-mourisco) e um molho de ervas da montanha.

CHIIORI / IYA – TOKUSHIMA

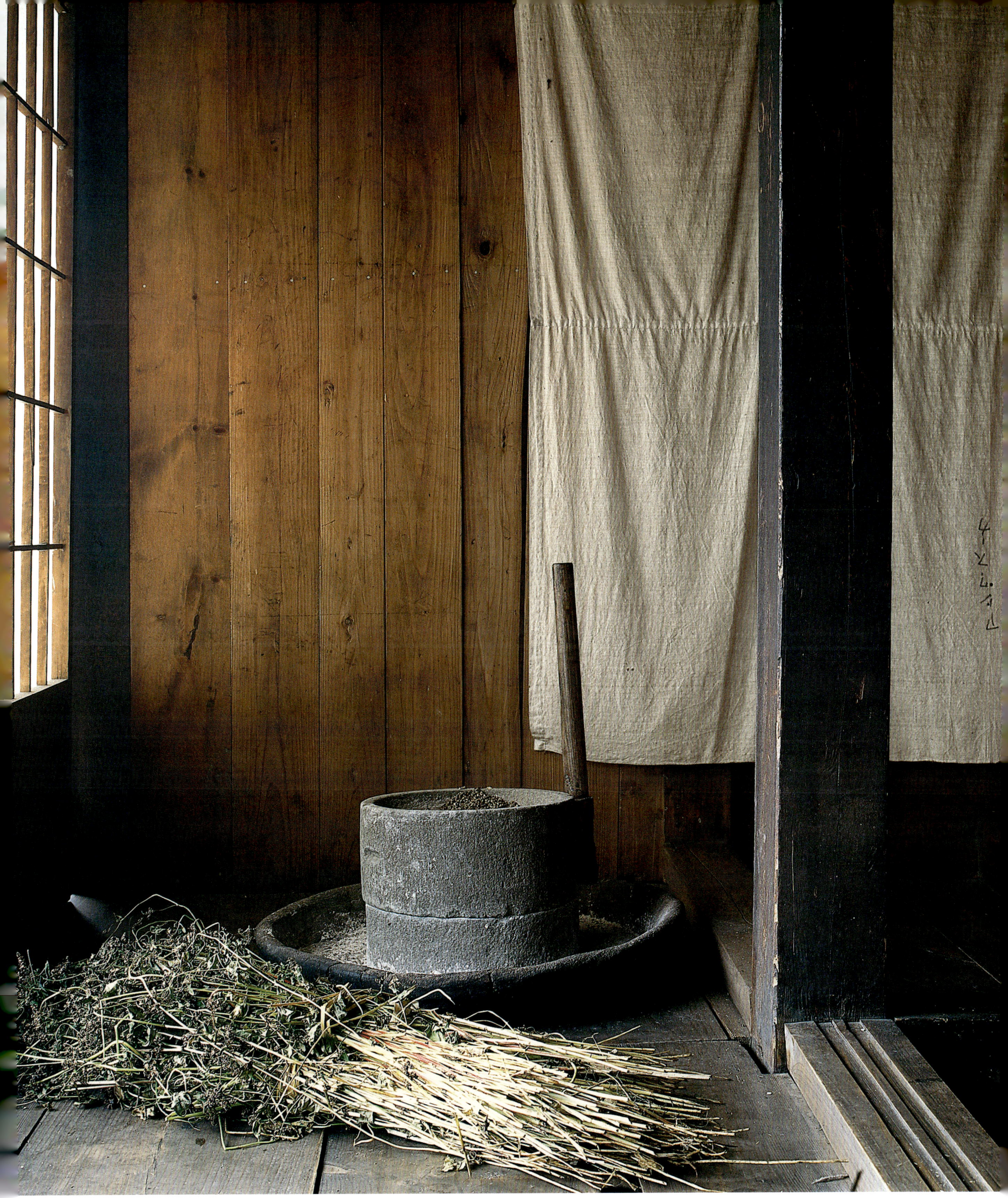

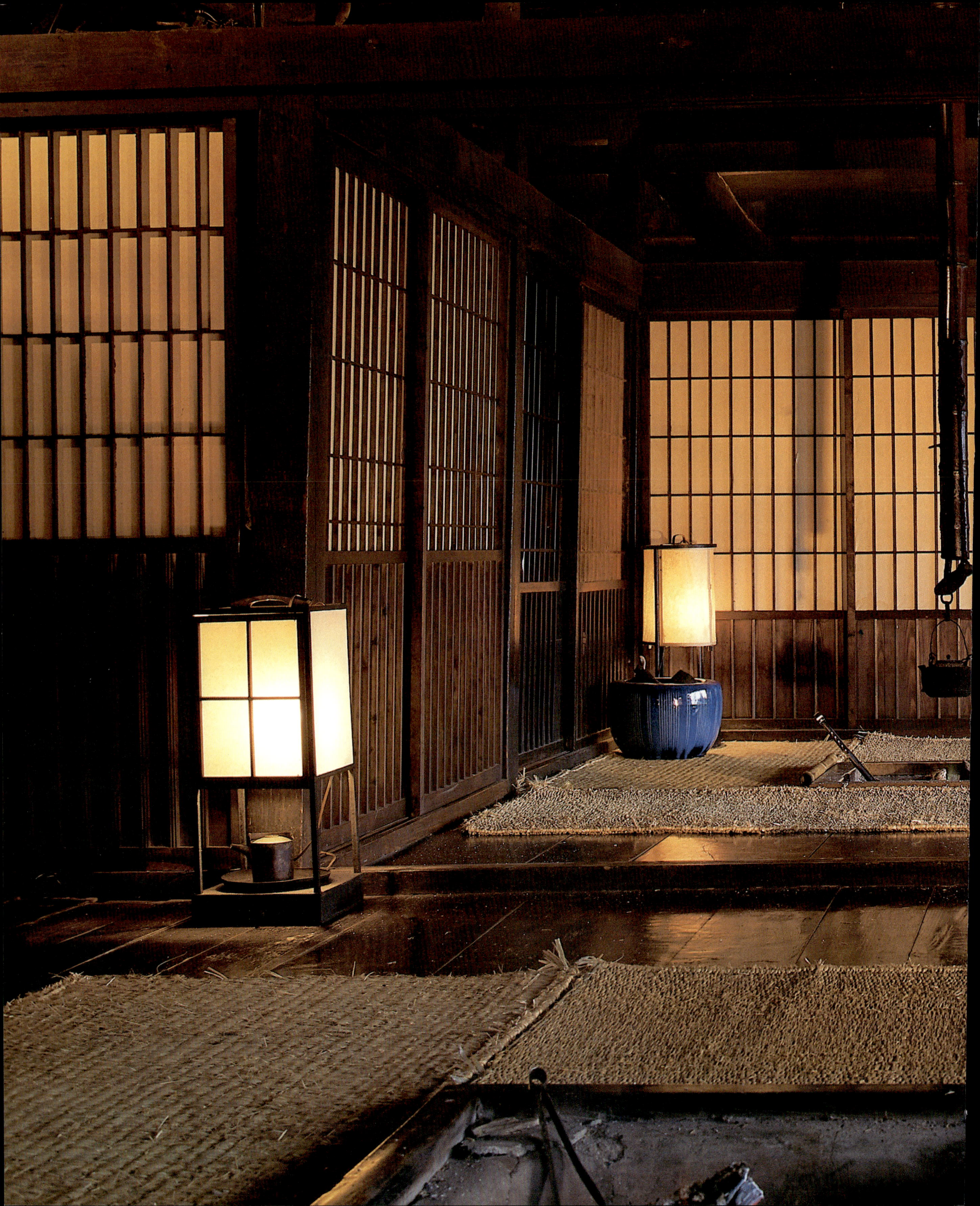

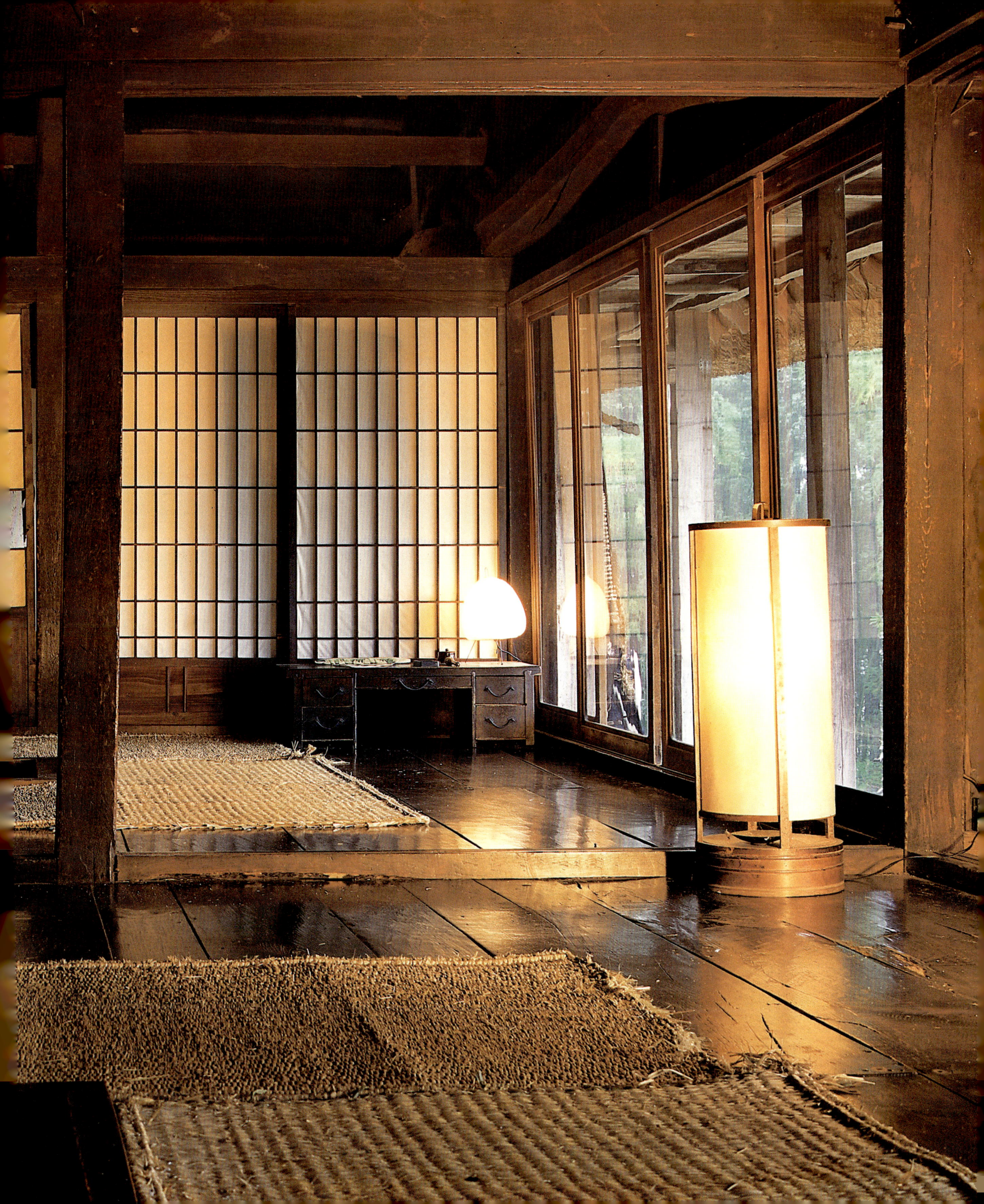

DOBLE PÁGINA ANTERIOR:
El interior consiste en un gran espacio abierto, iluminado con andon *(lámparas de pie), cuya luz se refleja en el suelo ennegrecido. Los hogares situados por debajo del nivel del suelo están rodeados de* mushiro *(esteras de paja).*

DERECHA:
Un recipiente de loza negra, para guardar carbón, sobre una mesa lacada. El estandarte muestra un emblema de samurai.

PÁGINA DE LA DERECHA:
Los llameantes hogares constituyen el centro de la vida doméstica. Después de cientos de años, el humo procedente de dichos hogares ha ennegrecido el suelo, los pilares y las vigas del techo.

DOPPIA PAGINA PRECEDENTE:
All'interno la casa presenta un vasto spazio unico, illuminato da lampade andon che riflettono la loro luce sulle tavole lisce e annerite del pavimento. Delle stuoie di paglia (mushiro) circondano i focolari a terra.

A DESTRA:
Un contenitore nero di terracotta, utilizzato per il carbone del focolare. Sullo stendardo in fondo, uno stemma samurai.

PAGINA DI DESTRA:
La fiamma degli irori è al centro della vita domestica. Con il passare dei secoli, il fumo di questi focolari a terra ha annerito la pavimentazione, i pilastri e le travi.

PÁGINA DUPLA ANTERIOR:
O interior da casa é um amplo espaço aberto, iluminado por andon (candeeiros) reflectidos no pavimento escurecido. À volta das várias lareiras escavadas no solo estão dispostos mushiro (tapetes de palha).

À DIREITA:
Um recipiente preto de cerâmica vidrada, usado para guardar as pedras de carvão da lareira. O pendão tem uma insígnia samurai.

PÁGINA DA DIREITA:
As flamejantes irori são o centro da vida em toda a casa. O fumo produzido pelas irori escureceu os pavimentos, pilares e os barrotes ao longo de centenas de anos.

CHIIORI / IYA – TOKUSHIMA

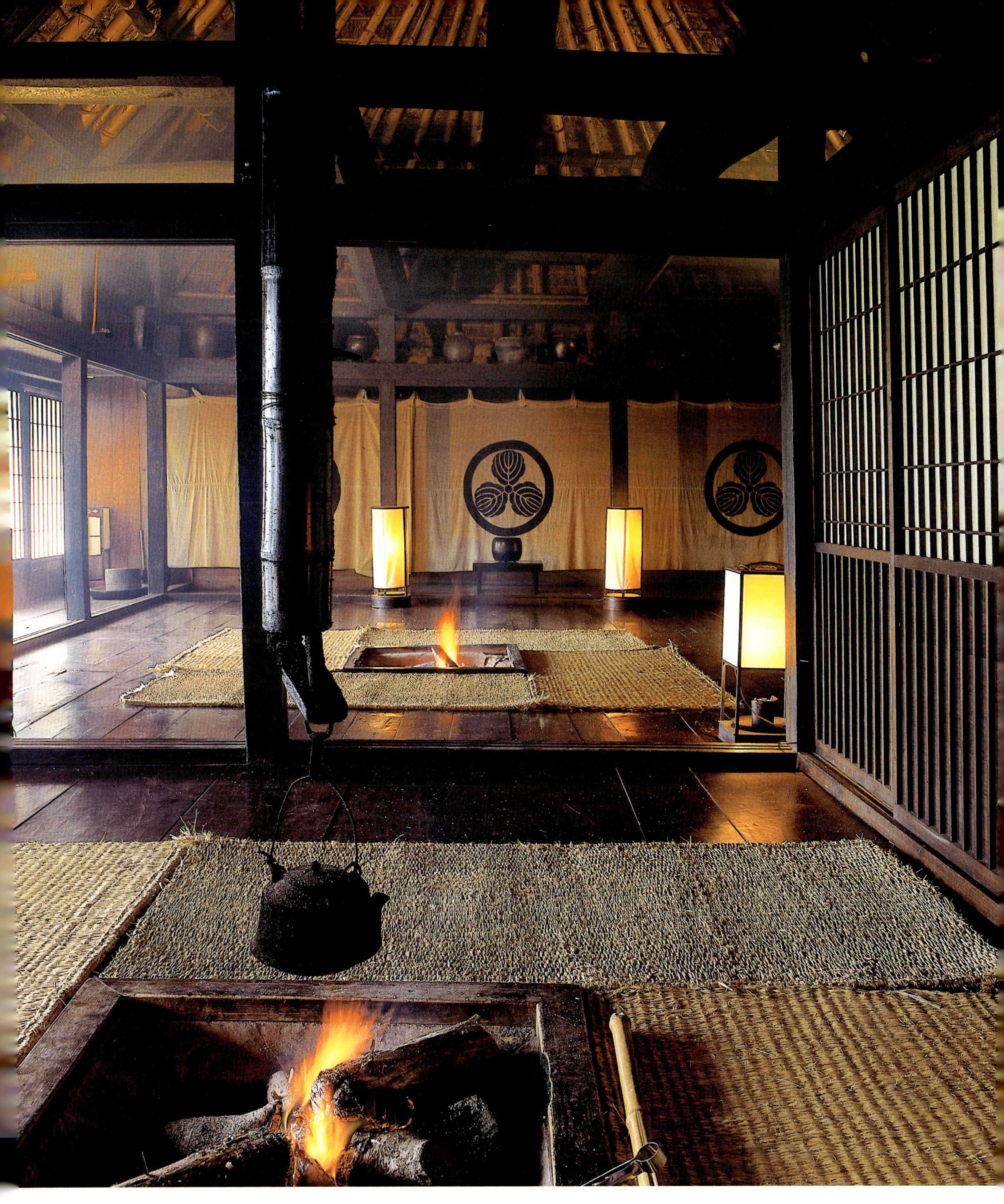

House of Light

BY JAMES TURRELL AND DAIGO ISHII
TOKAMACHI, NIIGATA

James Turrell es conocido en todo el mundo como «el artista de la luz». Sus obras requieren tiempo para ser apreciadas como es debido, a fin de percibir las distintas tonalidades de luz que van adquiriendo a medida que pasan las horas. En 2000, con motivo de la primera Trienal de Echigo-Tsumari celebrada en la prefectura de Niigata, cerca del litoral japonés, Turrell diseñó una posada en la que uno puede pasar los días y las noches envuelto en su mundo de luces y sombras. El arquitecto Daigo Ishii diseñó el edificio al más puro estilo japonés, con estancias cubiertas de *tatami* (estera), pasillos con suelos de madera, verandas y *yukimi-shoji*, puertas de papel con ventanas recortadas que permiten ver la densa nieve que da fama a la región de Niigata. Turrell iluminó estos espacios tradicionales con tenues luces cenitales de distintos tonos. La estancia Otuside-in se caracteriza por un lucernario retráctil con vistas al cielo y rodeado de un techo controlado por ordenador que va cambiando de color a medida que el sol se pone. De noche la casa cobra vida al brillar las escaleras, los marcos de las puertas e incluso los bordes del baño con una luz irreal.

Las escaleras que conducen al segundo piso están bañadas por la luz del cielo que entra por la claraboya del techo.

La scala che conduce al secondo piano è bagnata dalla luce naturale proveniente dall'alto.

Para chegar ao segundo andar, é necessário subir a escada inundada de luz pela clarabóia existente mesmo por cima dela.

James Turrell è conosciuto in tutto il mondo come 'l'artista della luce'. Le sue opere richiedono del tempo per essere comprese, per assimilare il passare del tempo e il cambiare delle sfumature luminose. Nel 2000, in occasione della Prima Triennale d'Arte Echigo-Tsumari, e su invito della prefettura di Niigata, località vicina alla costa del Mare del Giappone, Turrel ha concepito un albergo in cui ci si sente immersi, di giorno e di notte, nel suo mondo di luci ed ombre. L'architetto Daigo Ishii ha progettato l'edificio secondo i canoni giapponesi: camere ricoperte di *tatami*, corridoi pavimentati in legno, verande e *yukimi-shoji*, porte di carta con finestre ritagliate per osservare le grandi nevicate per cui la regione di Niigata è famosa. In questo contesto tradizionale, Turrell ha inserito una morbida illuminazione dall'alto, piena di sfumature diverse. La camera Outside-In presenta un lucernario scorrevole che si apre al cielo, mentre il soffitto intorno, controllato via computer, cambia colore al tramonto. A sera la casa dà buona prova di sé, e le scale, i telai delle porte e perfino i bordi della vasca da bagno brillano di una luce surreale.

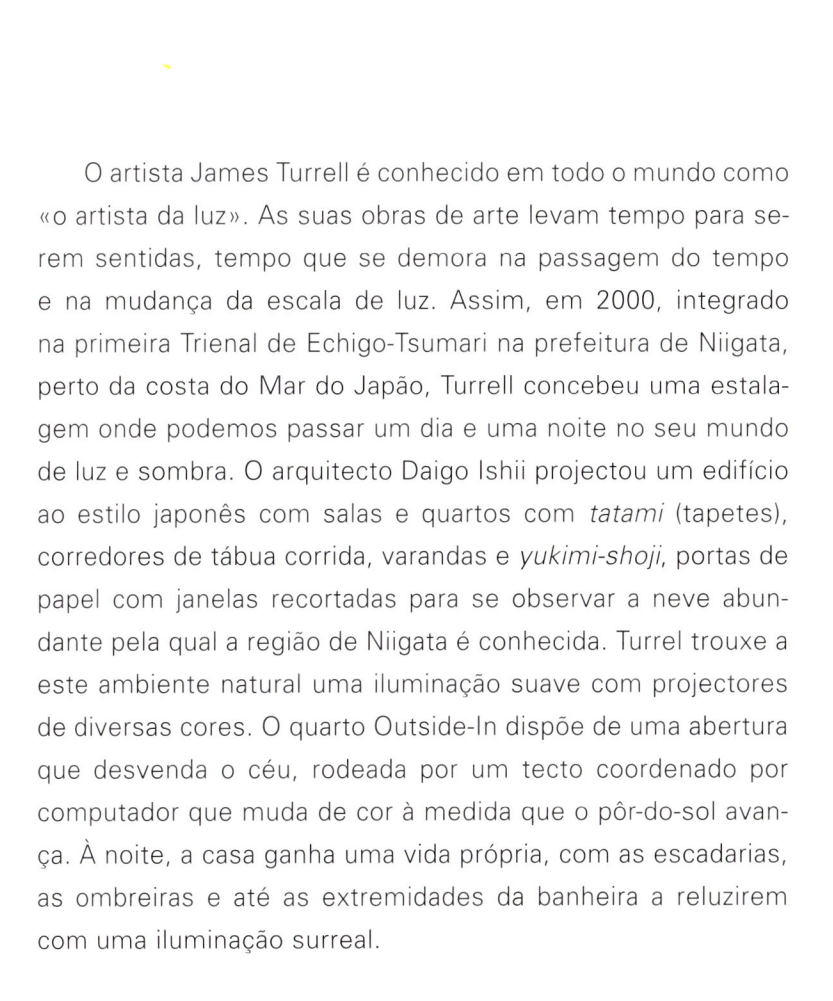

O artista James Turrell é conhecido em todo o mundo como «o artista da luz». As suas obras de arte levam tempo para serem sentidas, tempo que se demora na passagem do tempo e na mudança da escala de luz. Assim, em 2000, integrado na primeira Trienal de Echigo-Tsumari na prefeitura de Niigata, perto da costa do Mar do Japão, Turrell concebeu uma estalagem onde podemos passar um dia e uma noite no seu mundo de luz e sombra. O arquitecto Daigo Ishii projectou um edifício ao estilo japonês com salas e quartos com *tatami* (tapetes), corredores de tábua corrida, varandas e *yukimi-shoji*, portas de papel com janelas recortadas para se observar a neve abundante pela qual a região de Niigata é conhecida. Turrel trouxe a este ambiente natural uma iluminação suave com projectores de diversas cores. O quarto Outside-In dispõe de uma abertura que desvenda o céu, rodeada por um tecto coordenado por computador que muda de cor à medida que o pôr-do-sol avança. À noite, a casa ganha uma vida própria, com as escadarias, as ombreiras e até as extremidades da banheira a reluzirem com uma iluminação surreal.

La denominada «casa de luz», construida según el estilo tradicional conocido como sukiya (con una veranda sostenida por pilares y tejados a dos aguas con una ligera inclinación), resplandece a la luz del ocaso.

Costruita nel tradizionale stile sukiya, con una veranda a pilastri e la doppia copertura leggermente inclinata a due e quattro falde, la 'casa della luce' brilla nel crepuscolo serale.

Construída ao estilo sukiya tradicional, com uma varanda com pilares e telhados levemente inclinados de duas e quatro águas, a casa da luz ganha brilho à medida que o céu escurece.

HOUSE OF LIGHT / TOKAMACHI – NIIGATA

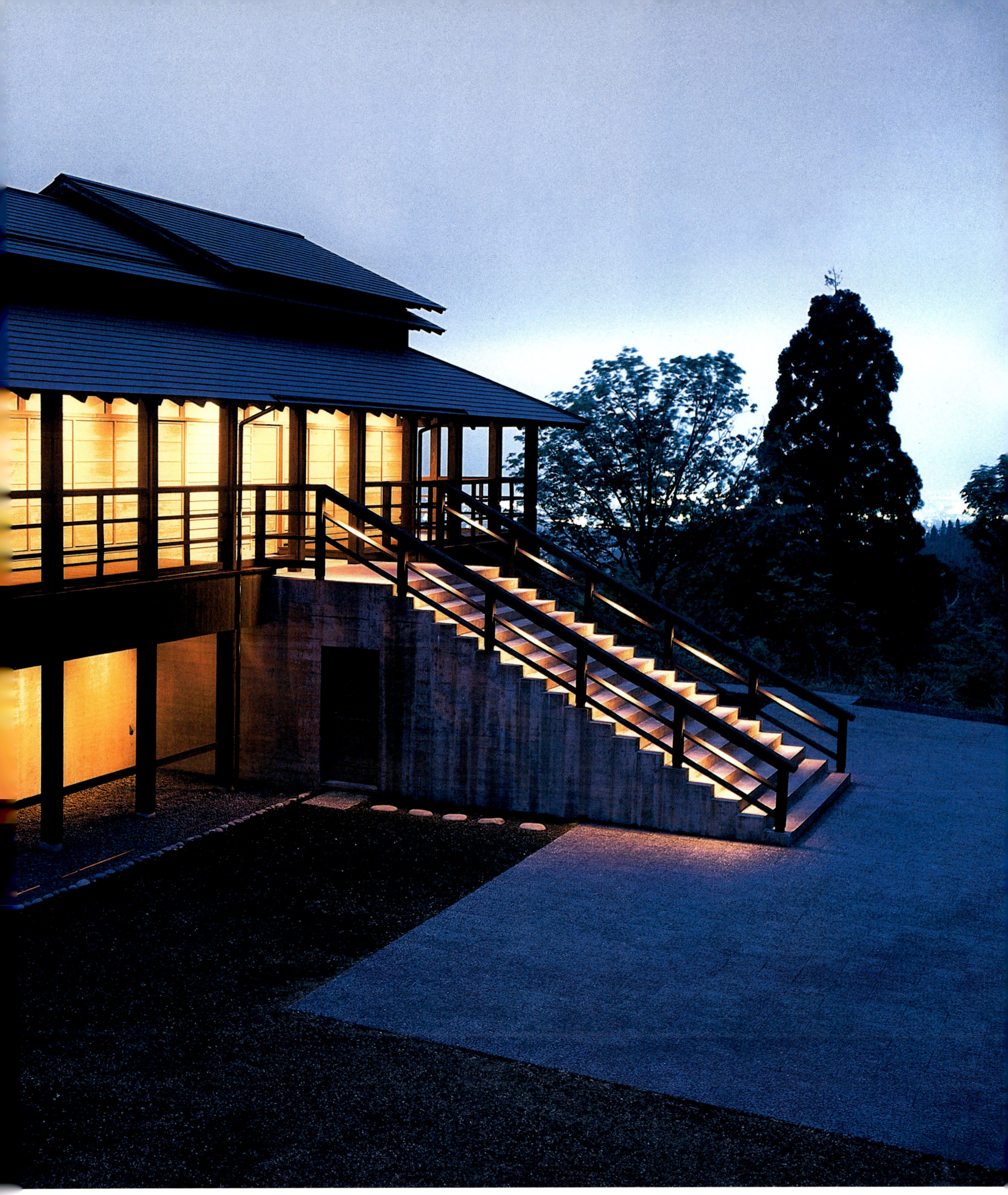

DERECHA:
En el agua tranquila se refleja el ventanuco superior que ilumina la entrada al baño, así como una luz azul que rodea el perímetro de la piscina.

PÁGINA DE LA DERECHA:
La luz del interior sostenido por columnatas cae en cascada sobre la magnífica escalinata del exterior.

A DESTRA:
L'apertura a soffitto che illumina l'entrata del bagno e una luce azzurra attorno al perimetro si riflettono nello specchio d'acqua.

PAGINA DI DESTRA:
La luce proveniente dall'interno colonnato precipita sull'imponente scala esterna.

À DIREITA:
Nas águas calmas da piscina, vê-se o reflexo de uma clarabóia que ilumina a entrada da casa de banho e uma luz azul que percorre todo o contorno da piscina.

PÁGINA DA DIREITA:
A luz do interior resguardado pelas colunas desce a grandiosa escadaria exterior como se fosse uma cascata.

HOUSE OF LIGHT / TOKAMACHI – NIIGATA

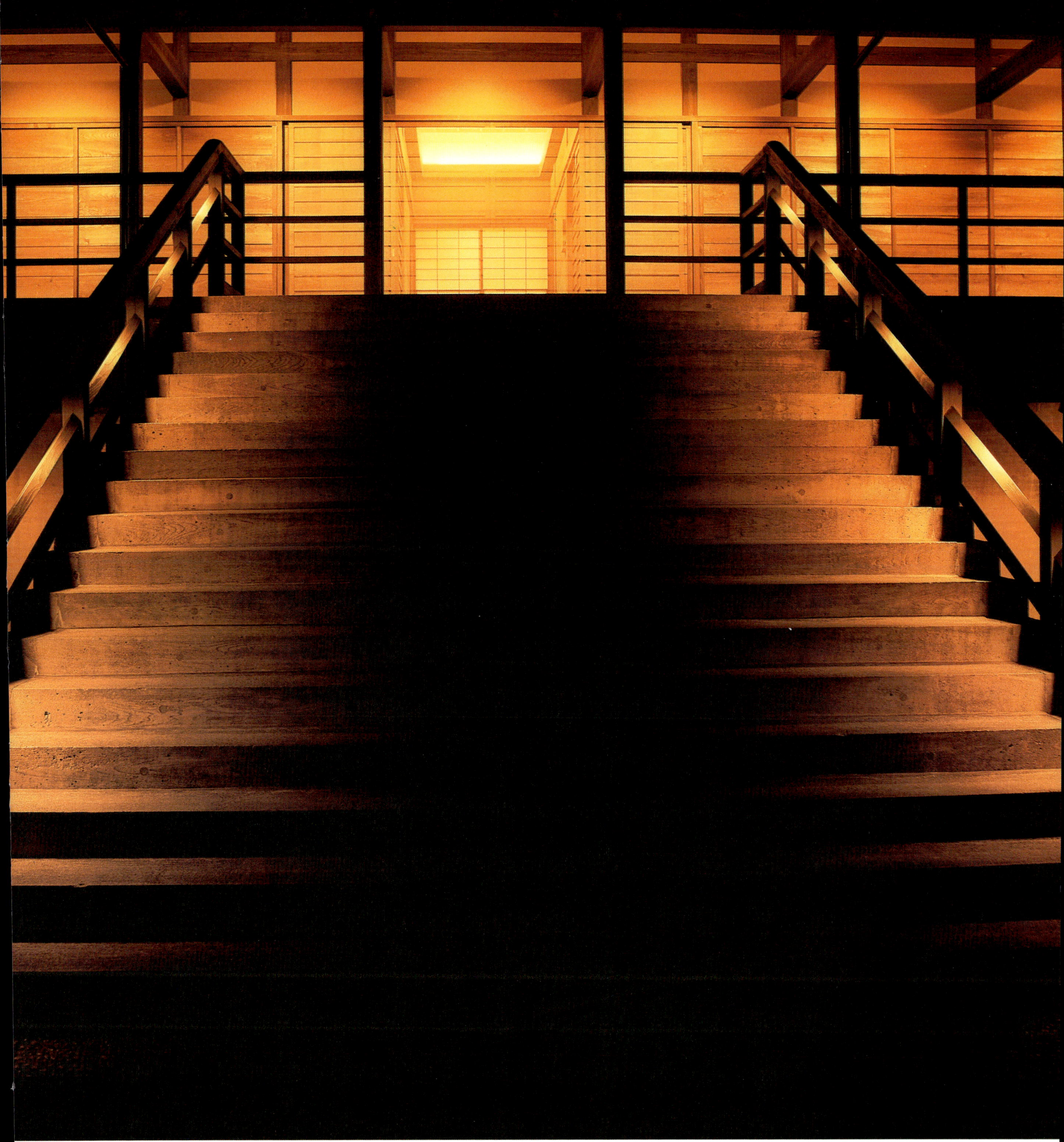

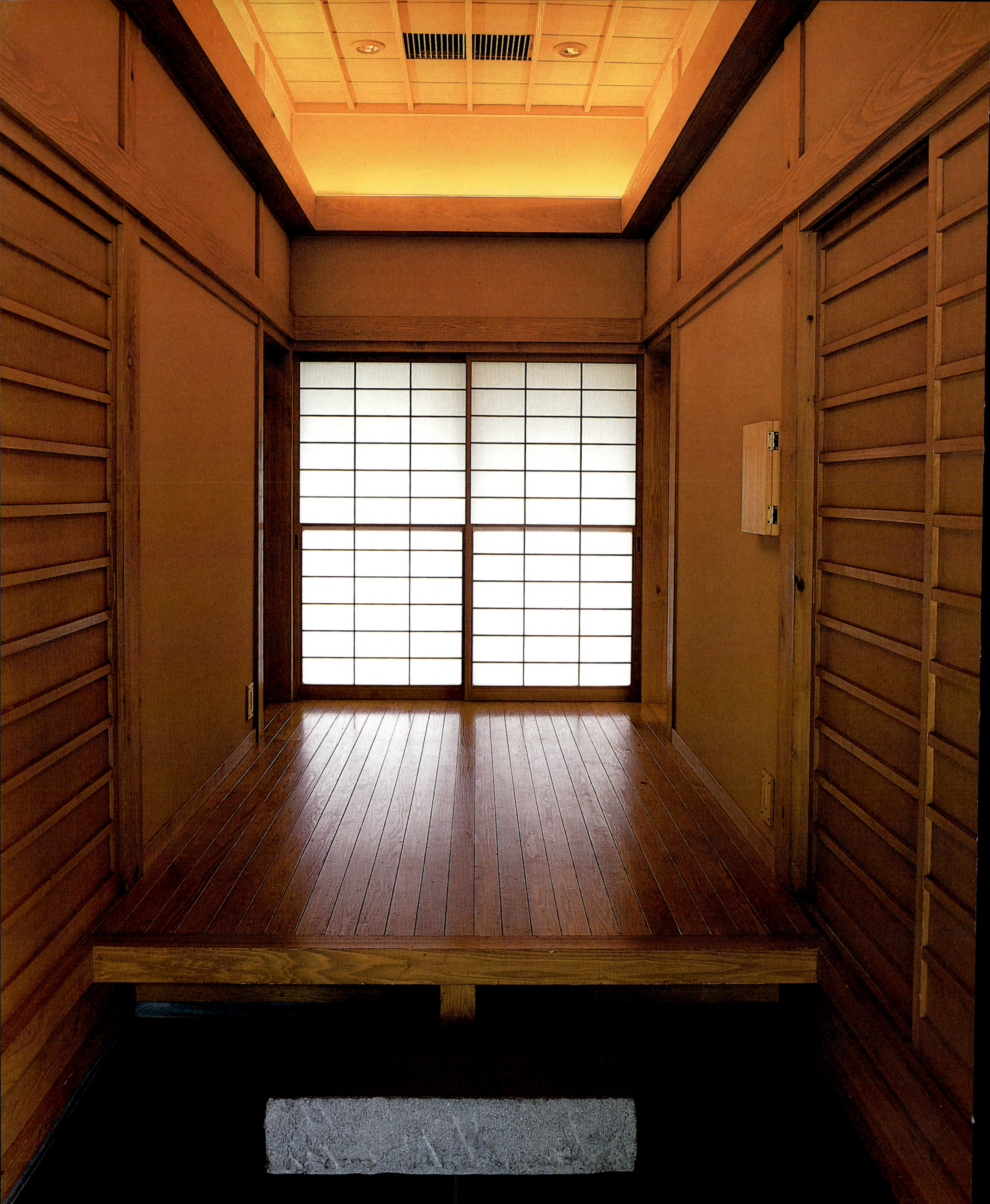

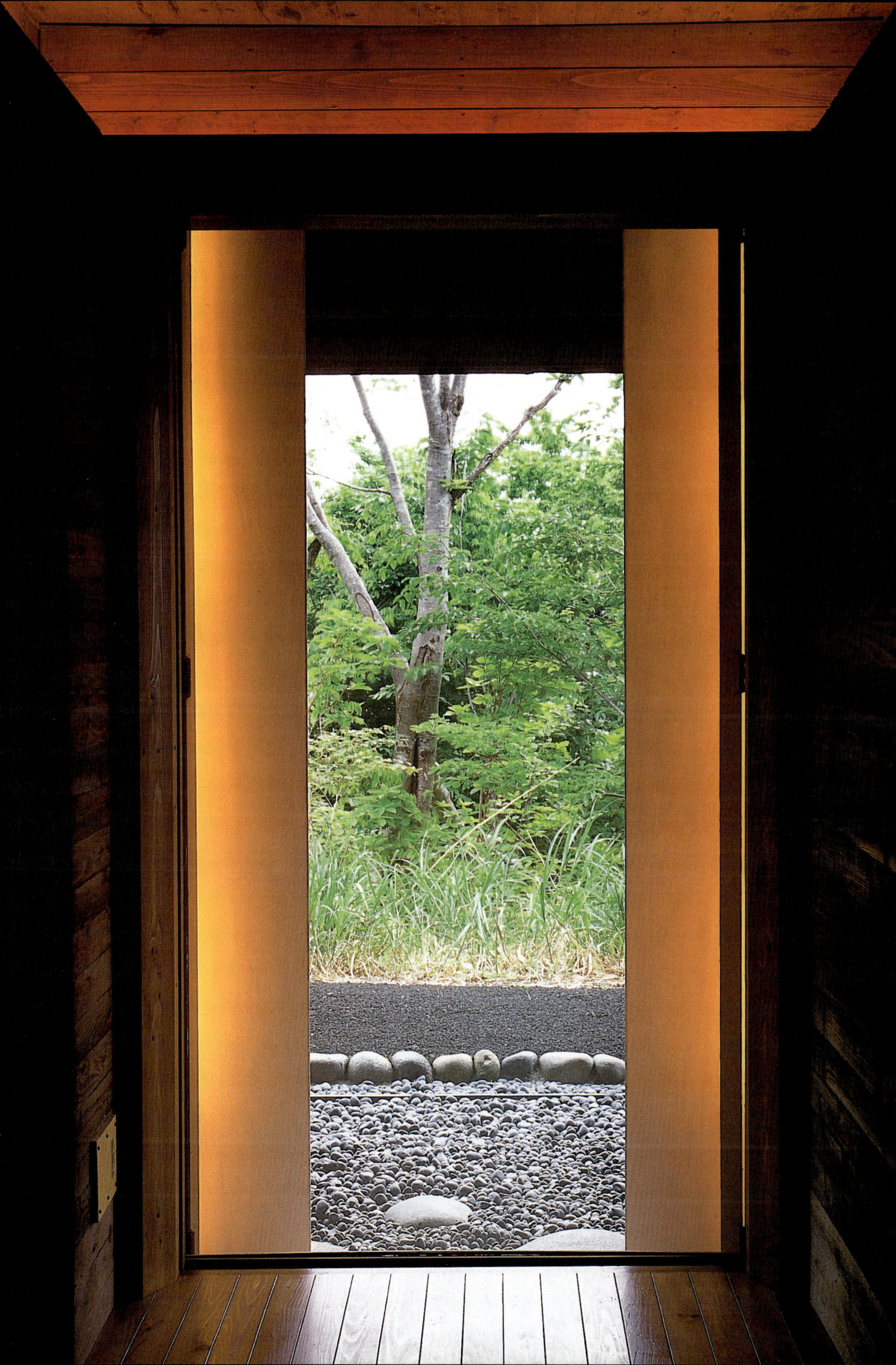

PÁGINA ANTERIOR, IZQUIERDA:
La luz amarilla del techo y la luz del exterior que resplandece a través de las shoji se refleja en los suelos de madera de la entrada.

PÁGINA ANTERIOR, DERECHA:
Una luz dorada ilumina las puertas del pasillo de la planta baja, que dan a un manto de gravilla atravesado por un camino de piedras con árboles al fondo.

IZQUIERDA, ARRIBA:
Un cubo y un taburete de madera junto al baño iluminado con la luz del día.

IZQUIERDA, ABAJO:
Gravilla negra, grandes guijarros blancos con piedrecillas negras y un borde recto perfilan el perímetro de la casa.

DERECHA, ARRIBA:
La clave de la imagen de James Turrell de la casa radica en el concepto arquitectónico «outside in» (de fuera hacia dentro). En este caso el baño, situado en un espacio interior, refleja la luz de la mañana procedente del exterior.

DERECHA, ABAJO:
La superficie pintada de ocre de las paredes de la planta baja adquiere un resplandor rojo con las luces de la noche.

PAGINA PRECEDENTE A SINISTRA:
Le lampade gialle del soffitto e la luce esterna che filtra attraverso le porte shoji si riflettono sulla pavimentazione in legno dell'entrata.

PAGINA PRECEDENTE A DESTRA:
Le porte dorate del corridoio al primo piano affacciano sulla ghiaia e sul percorso di pietre, con gli alberi in fondo.

A SINISTRA, IN ALTO:
Uno sgabello e un secchio di legno accanto alla vasca, illuminati dalla luce del giorno.

A SINISTRA, IN BASSO:
La ghiaia nera, le lunghe pietre bianche e quelle nere più piccole, assieme al contorno netto, delineano il perimetro.

A DESTRA, IN ALTO:
Outside In (Fuori Dentro) è il concetto che ha guidato James Turrell nella concezione del progetto. Nell'immagine, l'interno del bagno accoglie la luce del sole al mattino.

A DESTRA, IN BASSO:
Le pareti color ocra del primo piano emanano riflessi rossi alla luce del tramonto.

PÁGINA ANTERIOR À ESQUERDA:
A luz amarela projectada do tecto e a luz do exterior a brilhar através das shoji reflectem-se no pavimento de madeira da entrada.

PÁGINA ANTERIOR À DIREITA:
As portas com uma iluminação dourada do corredor do primeiro piso têm vista para a gravilha, os patamares de pedra e as árvores ao fundo.

À ESQUERDA, EM CIMA:
Banco de madeira e balde ao lado da banheira em plena luz do dia.

À ESQUERDA, EM BAIXO:
Gravilha negra, pedras brancas grandes, pedras pretas pequenas e uma fronteira linear marcam o perímetro.

À DIREITA, EM CIMA:
Um elemento fundamental para a imagem da casa de James Turrell é o conceito «Outside In» (Lá fora cá dentro). Aqui, a casa de banho interior aquece-se com a luz matinal que vai buscar ao exterior.

À DIREITA, EM BAIXO:
A superfície pintada em tons de ocre das paredes do primeiro piso adquire um brilho vermelho quando chega o anoitecer.

HOUSE OF LIGHT / TOKAMACHI – NIIGATA

97

Cama para huéspedes en lo que parece una estancia japonesa tradicional, aunque en realidad se encuentra bajo un lucernario retráctil que se abre lentamente para dar cabida al firmamento nocturno.

Zona letto di una camera per gli ospiti in uno spazio dall'aspetto tradizionale. In realtà l'ambiente dispone di un lucernario scorrevole che, aprendosi lentamente, lascia entrare in casa il cielo stellato.

A cama dos hóspedes naquilo que parece ser um quarto tradicional japonês está, na verdade, sobre uma clarabóia amovível que se abre lentamente para deixar entrar o céu à noite.

HOUSE OF LIGHT / TOKAMACHI – NIIGATA

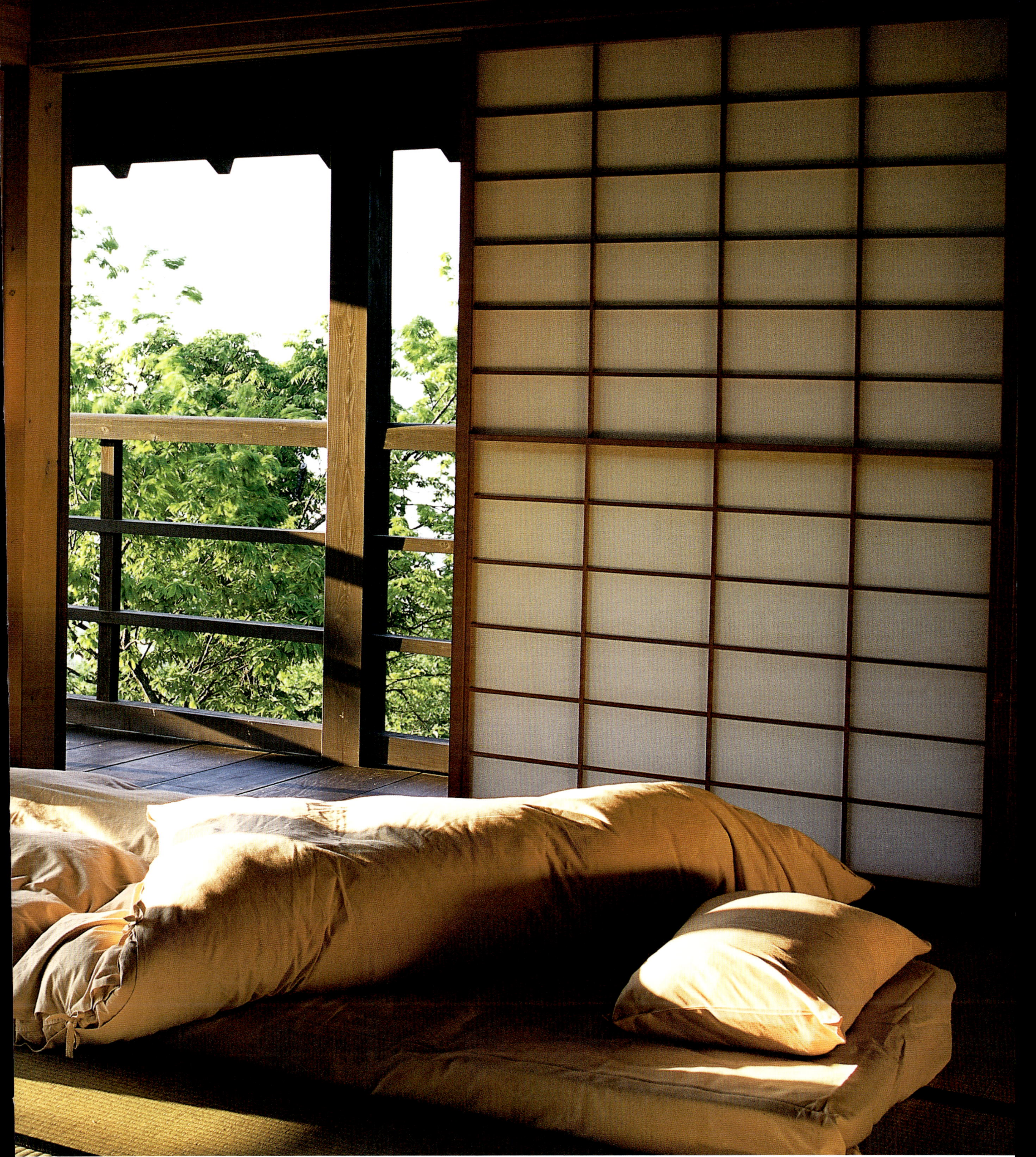

Dream House

BY MARINA ABRAMOVICH
TOKAMACHI, NIIGATA

La artista de *performance* Marina Abramovich es famosa por forzar los límites, hasta el punto de poner en peligro su vida en pos de estados físicos y mentales insólitos. Cuando le pidieron que habilitase una antigua casa de campo situada en la prefectura de Niigata como alojamiento, el resultado fue una «casa de los sueños» (2000) donde el arte conceptual choca y se funde con el *tatami* y la madera antigua. Este espacio, concebido al margen de los cánones tanto occidentales como japoneses, solo podría llevar el nombre de «Marina». Los visitantes de la casa leen sus «recetas espirituales» para soñar garabateadas en un rojo chillón sobre carteles blancos; los huéspedes duermen con «trajes para soñar», cuyo color está en consonancia con el rojo, el amarillo, el verde y el violeta intensos de las «habitaciones para soñar» y de las «camas de los sueños», que tienen forma de ataúd. La existencia de este alojamiento tan peculiar responde a una característica del diseño japonés actual, que busca algo más allá de la estética: la experimentación con nuevas y sorprendentes formas de habitar los espacios, que en ocasiones lleva a respaldar propuestas más radicales que las aceptadas en Occidente.

Instrucciones pintadas a mano por Abramovich para soñar («recetas espirituales»). Los visitantes de la casa dejan constancia de sus sueños en uno de los diarios que reposan sobre la mesa de cristal.

Le istruzioni per sognare («ricette spirituali») realizzate a mano da Abramovich. I clienti scrivono i loro sogni su uno dei diari disposti sul tavolo di vetro.

As instruções de Abramovich sobre o sono pintadas à mão («receitas espirituais»). Os hóspedes registam os seus sonhos num dos diários existentes sobre a mesa de vidro.

Marina Abramovich è famosa per il carattere estremo delle sue performance, durante le quali arriva al punto di rischiare la morte nel tentativo di raggiungere particolari stati fisici e mentali. In risposta alla commissione per un albergo all'interno di una vecchia casa colonica nella remota prefettura di Niigata, l'artista ha concepito la Casa dei sogni (2000), un luogo in cui l'arte concettuale si scontra e si fonde con i tatami e il legno antico. Lo spazio, né occidentale e neppure giapponese, poteva chiamarsi solo Marina. I visitatori leggono le «ricette spirituali» dell'artista per sognare, scarabocchiate in un rosso brillante su cartelli bianchi, e indossano «abiti onirici» di determinati colori associati al rosso cupo, al giallo, al verde e al viola delle «camere oniriche» e dei «letti dei sogni» simili a bare. Tale tipo di albergo deve la sua esistenza a una caratteristica del design nipponico moderno che va oltre il fattore estetico: la sperimentazione. In Giappone le ricerche su nuove modalità di abitazione sono davvero sorprendenti e a volte molto più drastiche rispetto alle soluzioni occidentali. Un dettaglio particolarmente giapponese del progetto è il fatto stesso che sia stato affidato a Marina.

A artista de *performances* Marina Abramovic é famosa por testar os seus limites ao ponto de pôr a sua vida em perigo na busca de estados mentais e físicos inéditos. Quando lhe foi pedido que criasse um alojamento para visitantes no interior de uma velha quinta na remota prefeitura de Niigata, o resultado foi a «Casa de Sonho» (2000), onde a arte conceptual colide e se funde com *tatami* e madeira antiga. Não sendo ocidental nem japonês, é um espaço que só podia mesmo ser chamado «Marina». Os visitantes lêem as suas «receitas espirituais» para sonhar rabiscadas a vermelho-vivo em sinais brancos, dormem em «fatos de sonhar» de diferentes cores para corresponderem ao vermelho, amarelo, verde e púrpura dos «quartos de sonhar» e das «camas de sonho» análogas a caixões. Depois, registam os seus sonhos em diários. Este alojamento existe por causa de um factor no design moderno japonês que vai muito além da estética: a experimentação. Comunidades inteiras no Japão estão a interagir com espaços vitais de formas surpreendentes, por vezes bem mais drásticas do que no Ocidente. O que é realmente muito japonês nesta casa é terem pedido a Marina Abramovic para a fazer.

DERECHA:
Esta casa de campo, construida hace un siglo en un pueblecito de Niigata, apenas ha cambiado por fuera.

PÁGINA DE LA DERECHA:
Junto al «teléfono telepático» se encuentran las escaleras que conducen a las habitaciones para soñar.

A DESTRA:
L'esterno della casa colonica, costruita cento anni fa in un piccolo villaggio della prefettura di Niigata, è rimasto praticamente intatto.

PAGINA DI DESTRA:
Dietro il «telefono telepatico», la scala che conduce alle camere oniriche.

À DIREITA:
Construída há cem anos numa pequena aldeia em Niigata, o exterior da casa de campo manteve-se praticamente inalterado.

PÁGINA DA DIREITA:
Atrás do «telefone telepático» existe uma escada que conduz aos quartos de sonhar.

102

DREAM HOUSE / TOKAMACHI – NIIGATA

TELEPATHY TELEPHONE

IZQUIERDA, ARRIBA:
La habitación para soñar roja, con una cama de los sueños en forma de ataúd. Hay dormitorios para soñar de cinco colores distintos: verde, azul, violeta, amarillo y rojo.

IZQUIERDA, ABAJO:
Trajes para soñar hechos a medida, a juego con el color del dormitorio correspondiente. Todos los trajes llevan incrustados imanes para transformar el cuerpo en un conductor de sueños.

DERECHA, ARRIBA:
A su llegada, los visitantes acceden en primer lugar a la «sala de las explicaciones», donde sobre una mesa hay 24 vasos de «agua con poderes» dispuestos sobre imanes.

DERECHA, ABAJO:
«Recetas espirituales» sobre las paredes, lámparas de papel colgantes y diarios de los sueños.

A SINISTRA, IN ALTO:
La camera onirica rossa con il letto dei sogni simile a una bara. Le camere oniriche sono di cinque colori: verde, azzurro, viola, giallo e rosso.

A SINISTRA, IN BASSO:
Abiti onirici realizzati appositamente in colori a gioco con le camere. Gli indumenti sono dotati di calamite che trasformano il corpo in uno strumento per sognare.

A DESTRA, IN ALTO:
All'arrivo, gli ospiti entrano nella «Camera delle spiegazioni», dove si trova un tavolo con 24 bicchieri di «acqua del potere» posti su calamite.

A DESTRA, IN BASSO:
«Ricette spirituali» sulle pareti, lampade di carta sospese e diari dei sogni.

À ESQUERDA, EM CIMA:
O quarto de sonhar vermelho com uma cama semelhante a um caixão. Existem quartos de sonhar em cinco cores diferentes: verde, azul, púrpura, amarelo e vermelho.

À ESQUERDA, EM BAIXO:
Fatos de sonhar feitos de propósito para combinarem com as cores de cada quarto. Os fatos estão equipados com ímanes para transformarem o corpo num condutor de sonhos.

À DIREITA, EM CIMA:
Ao chegarem, os hóspedes entram primeiro na «Sala das Explicações», onde existem 24 copos de «água poderosa» colocados por cima de ímanes numa mesa.

À DIREITA, EM BAIXO:
«Receitas espirituais» nas janelas, candeeiros de papel pendentes e diários de sonhos.

DREAM HOUSE / TOKAMACHI – NIIGATA

105

Hoshi Onsen – Chojukan

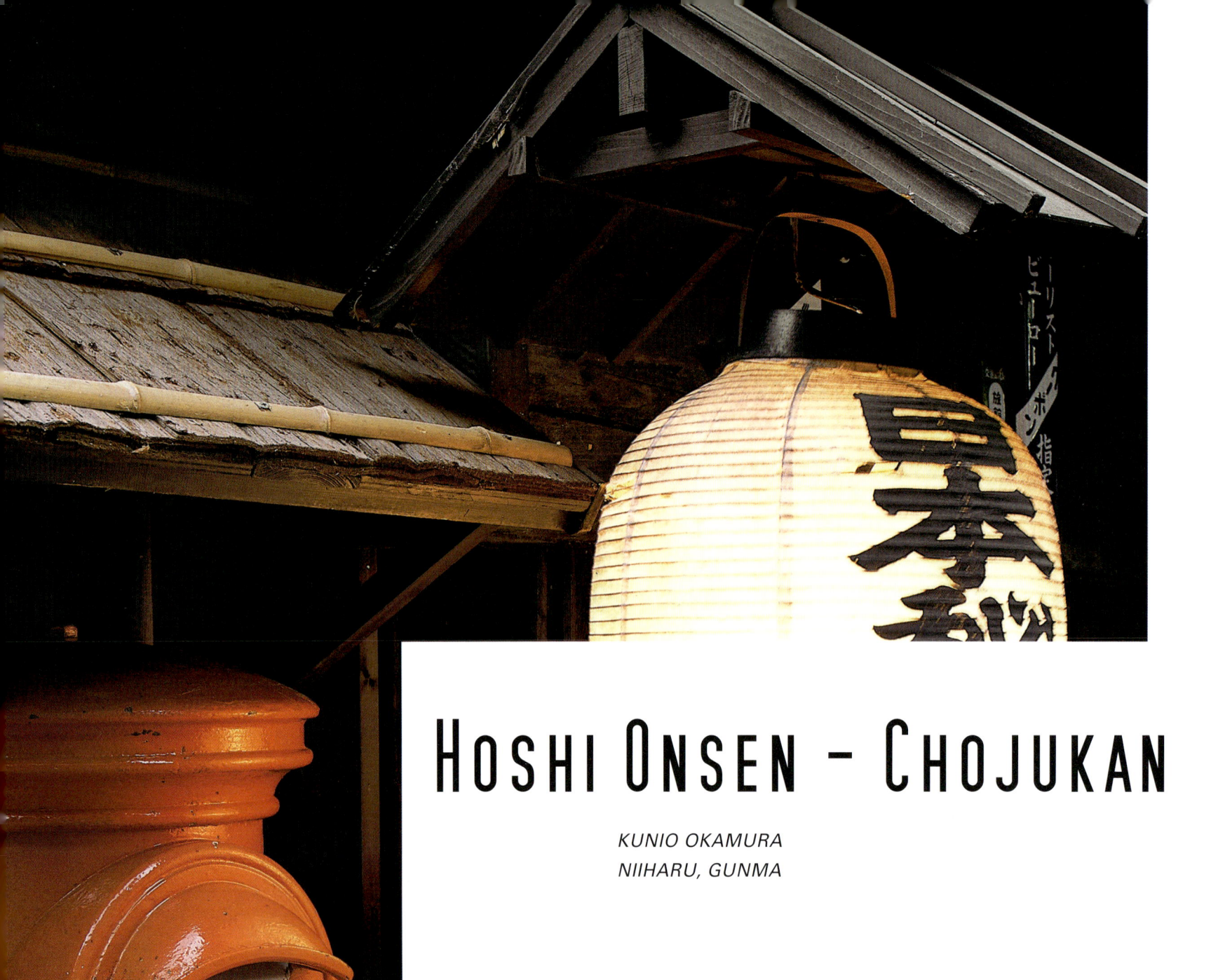

KUNIO OKAMURA
NIIHARU, GUNMA

Los fundadores de la restauración Meiji impulsada en 1868 creían que el país debía occidentalizarse para preservar su independencia con respecto a las potencias europeas; por ello prohibieron las espadas samurai y decretaron que las mujeres cambiaran el kimono por el miriñaque. Asimismo, mandaron construir el *Rokumeikan* (pabellón del ciervo que llora), una sala de baile donde la elite de Tokio acudía a bailar valses con los huéspedes extranjeros. Aunque este edificio ya no existe, sus ventanales en forma de arco y sus altos techos se convirtieron en elementos representativos del estilo arquitectónico del llamado «romanticismo Meiji». Los baños de *Chojukan*, en el balneario de Hoshi Onsen construido en 1875, constituye uno de los primeros ejemplos de dicho estilo, con la peculiaridad de que la «pista de baile» no es otra cosa que agua. El balneario se halla aislado en un parque nacional situado en las montañas de la prefectura de Gunma, al noroeste de Tokio. Los frondosos bosques que lo rodean son los «jardines» de la propiedad, por donde pasa el río Hoshi. En el vestíbulo permanece encendido un *irori* (hogar) para mantener el espacio caliente durante los largos meses de invierno.

Un puente cubierto une el parador y los baños cruzando la laguna Edogawa.

Un passaggio coperto collega l'albergo al complesso termale attraversando lo stagno di Edogawa.

Uma ponte coberta une a hospedaria e o balneário à beira do lago de Edogawa.

Nel 1868, i fautori della Restaurazione Meiji, convinti che il paese doveva occidentalizzarsi per salvaguardare la sua indipendenza nei confronti delle potenze europee, abolirono i privilegi dei samurai e obbligarono le donne a passare dal kimono alla crinolina. Innalzarono il Rokumeikan, «padiglione del pianto del cervo», una sala da ballo in cui l'élite di Tokyo ballava il valzer con gli ospiti stranieri. Malgrado non esista più, il *Rokumeikan*, con le sue finestre ad arco e gli alti soffitti, rappresentò un modello per l'architettura 'romantica' Meiji. La stazione termale di *Chojukan*, costruita nel 1875 presso la sorgente di Hoshi Onsen, è un primo esempio del genere, con la differenza che la 'pista da ballo' è d'acqua. Dei tronchi di legno separano in quattro piscine le calde acque medicinali che sgorgano da un'apertura attraverso i ciottoli della pavimentazione. La remota stazione termale è ubicata in un parco nazionale, tra le montagne della prefettura di Gunma, a nordovest di Tokyo. Un ponte coperto unisce le sponde del fiume Hoshi che scorre attraverso il lotto. I boschi circostanti conformano il 'giardino'; all'interno del vestibolo la fiamma dell'*irori*, il tipico focolare a terra, riscalda i clienti durante i lunghi mesi invernali.

Os fundadores da restauração Meiji em 1868, crendo que o país teria de se ocidentalizar para manter a independência face às potências europeias, baniram as espadas dos samurais e decretaram que as mulheres largassem os quimonos e vestissem crinolinas. Construíram o *Rokumeikan* (Pavilhão do Canto do Veado), um salão de dança onde a elite de Tóquio dançava a valsa com convidados estrangeiros. Embora já se tenha perdido, o Rokumeikan, com as suas janelas arqueadas e tectos altos, estabeleceu um padrão para a arquitectura «romântica Meiji». O balneário de *Chojukan* nas termas de Hoshi Onsen, construído em 1875, é um dos primeiros exemplares do género, com o pormenor de a «pista de dança» ser água. Separado em quatro grandes piscinas por troncos de madeira, a água medicinal quente brota de uma conduta de águas termais. As termas estão isoladas num parque nacional situado nas profundezas das montanhas da prefeitura de Gunma, a noroeste de Tóquio. O rio Hoshi passa pelos terrenos da propriedade e é atravessado por uma ponte coberta. O «jardim» é a floresta selvagem. No vestíbulo, o fogo arde numa *irori* (lareira de chão) que aquece os hóspedes durante os longos meses de Inverno.

El anexo de madera de dos plantas (izquierda) y el vestuario femenino (derecha), junto al río Hoshi.

L'annesso di legno a due livelli (a sinistra) e lo spogliatoio riservato alle donne (a destra), accanto al fiume Hoshi.

O anexo de dois pisos em madeira (à esquerda) e o pavilhão-vestiário só para senhoras (à direita), na margem do rio Hoshi.

HOSHI ONSEN – CHOJUKAN / NIIHARU – GUNMA

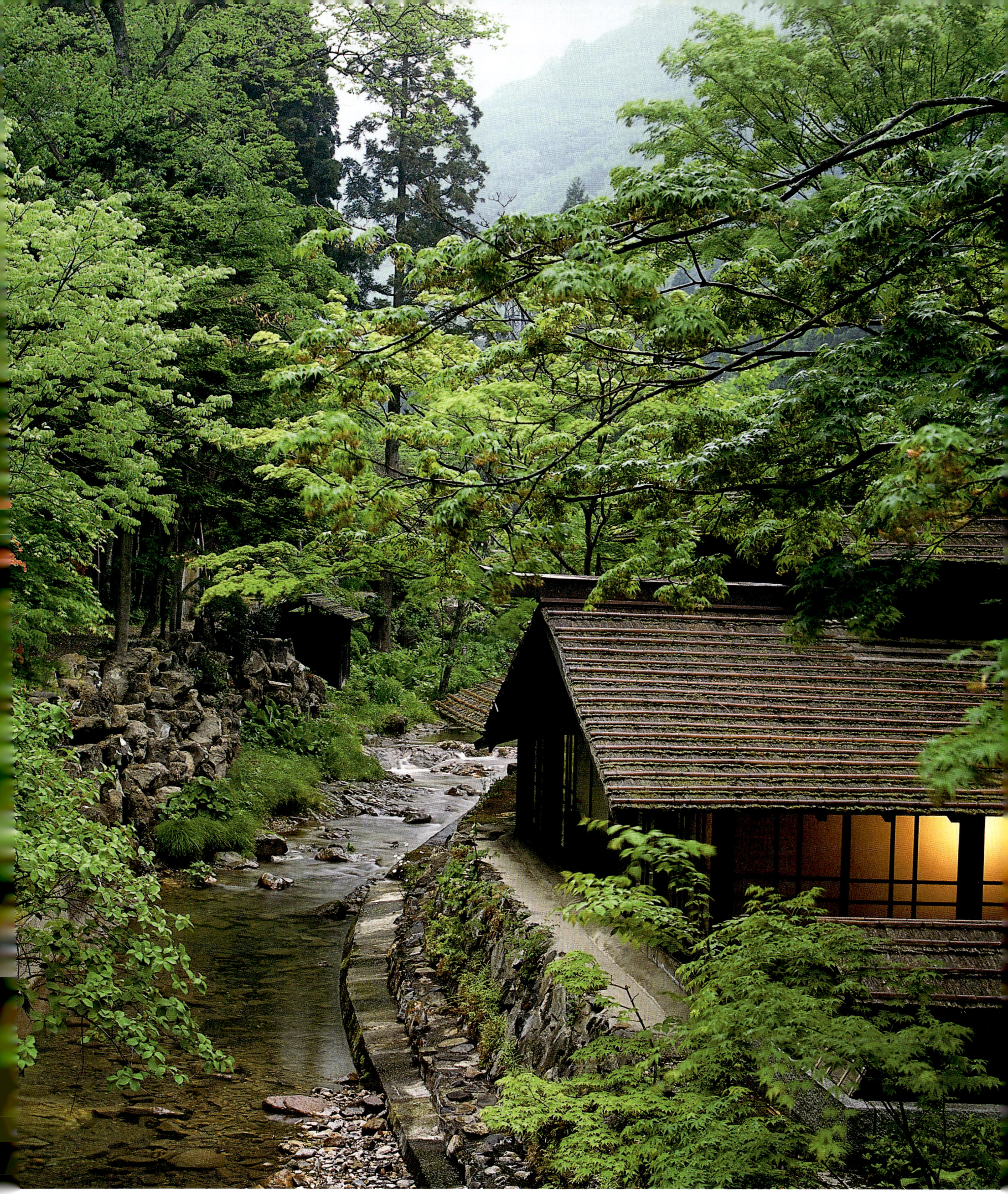

IZQUIERDA, ARRIBA:
Sala con irori, donde los huéspedes pueden acudir tanto por la mañana como por la noche a tomar una taza de té preparado al calor de la lumbre de leña.

IZQUIERDA, ABAJO:
Exterior de Hoshi-no-yu, sala principal del balneario.

DERECHA, ARRIBA:
Una sala de baños cubierta por un tejado de dos pisos, con baños interiores y al aire libre.

DERECHA, ABAJO:
Vista de los baños de Hoshi-no-yu a través de los árboles desde una habitación de huéspedes.

A SINISTRA, IN ALTO:
Ambiente con irori. Al mattino e al pomeriggio gli ospiti possono prendere un tè preparato sul fuoco.

A SINISTRA, IN BASSO:
Esterno della Hoshi-no-yu, la sala termale principale.

A DESTRA, IN ALTO:
Una sala termale con un tetto a due livelli, e piscine coperte e all'aperto.

A DESTRA, IN BASSO:
Vista della sala termale Hoshi-no-yu da una camera dell'albergo attraverso gli alberi.

À ESQUERDA, EM CIMA:
Sala com irori. Todas as manhãs e todas as tardes, os hóspedes podem vir aqui beber um chá feito em fogo de lenha.

À ESQUERDA, EM BAIXO:
Exterior de Hoshi-no-yu, o balneário principal.

À DIREITA, EM CIMA:
O balneário com telhado de dois níveis dispõe de piscina interior e exterior.

À DIREITA, EM BAIXO:
Vista de um quarto de hóspedes através das árvores para o balneário de Hoshi-no-yu.

HOSHI ONSEN – CHOJUKAN / HIIHARU – GUNMA

111

DERECHA:
Zona de baños de Hoshi-no-yu, con enormes ventanales en forma de arco del periodo Meiji.

DOBLE PÁGINA SIGUIENTE:
El baño de castaño situado bajo el nivel del suelo se divide en ocho tinas mediante troncos redondos flotantes, que sirven de reposacabezas mientras uno se baña en las aguas que proceden directamente del río.

A DESTRA:
La zona bagno della Hoshi-no-yu, con alte finestre ad arco dell'epoca Meiji.

DOPPIA PAGINA SEGUENTE:
La vasca di castagno interrata è divisa in otto spazi da tronchi rotondi e galleggianti che fungono da poggiatesta per chi si immerge in queste acque convogliate qui direttamente dal fiume.

À DIREITA:
Zona de lavagem do Hoshi-no-yu, com janelas do período Meiji e os seus característicos arcos elevados.

PÁGINA DUPLA SEGUINTE:
A banheira de castanheiro encastrada encontra-se dividida em oito secções por troncos flutuantes redondos que servem de apoio para a cabeça enquanto se apreciam as águas bombeadas directamente do leito do rio.

HOSHI ONSEN – CHOJUKAN / HIIHARU – GUNMA

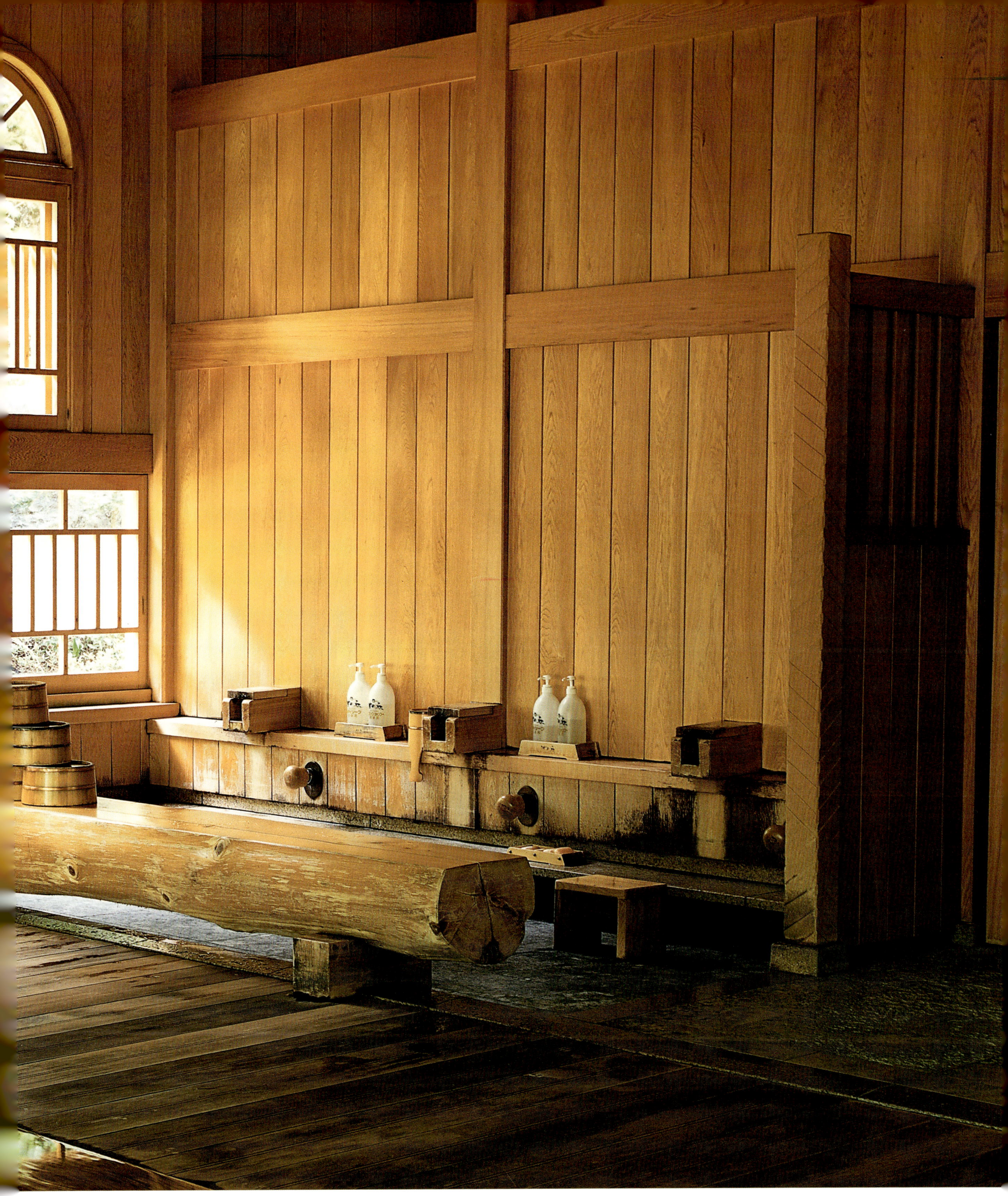

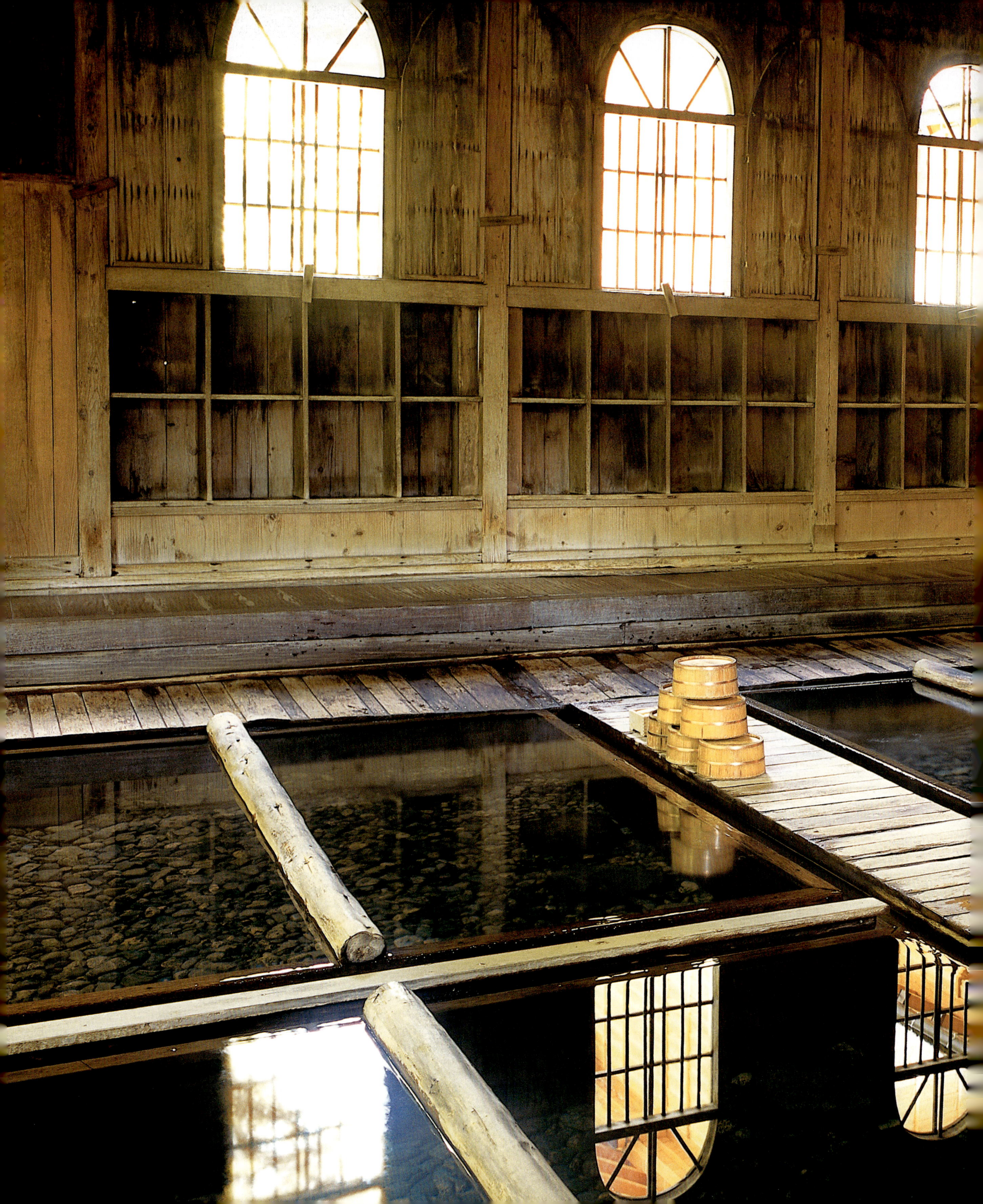

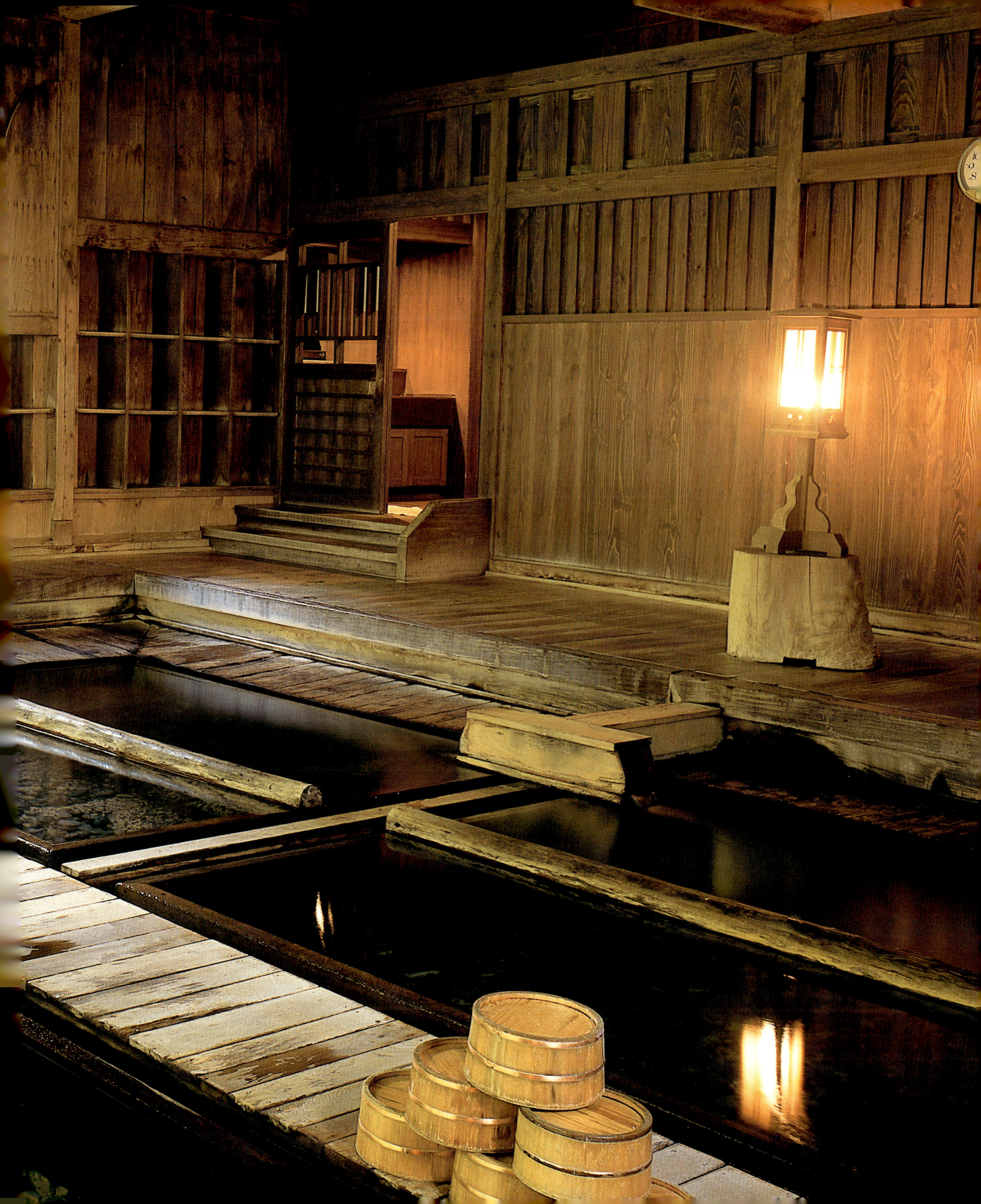

Forest Floor

BY KENGO KUMA
NAGANO

Las casas construidas al viejo estilo japonés reposan sobre soportes de madera que se alzan unos palmos por encima del suelo. Con su casa Forest Floor, el arquitecto Kengo Kuma reinventa esta tradición basada en la translucidez, la fragilidad y la apertura. El pilar que sirve de principal apoyo a la construcción queda oculto bajo la casa, por lo que da la sensación de que la superestructura cúbica descansa sobre finos tubos colocados alrededor de su perímetro que apenas parecen sostener su peso. Los peldaños y las rejas poseen un aspecto tan poco sólido que casi desaparecen a la vista. Sobre dichos elementos de soporte se alza no tanto una serie de estancias como un espacio abierto en forma de mirador vidriado con vistas a los bosques que lo rodean. A fin de realzar la sensación de luminosidad, la casa es totalmente blanca, con suelos de madera clara. «Quería recuperar la tradición japonesa, no la de los "monumentos", sino la de los edificios "menos sólidos"», afirma Kuma. En esta casa la ligereza, la fragilidad, la blancura, la sencillez y la transparencia definen el trabajo del hombre, una delicada obra de artesanía que se mantiene a flote sobre un mar de exuberante vegetación.

Una frágil escalera de acero blanco conduce a un balcón con listones también blancos.

I delicati scalini bianchi di acciaio conducono a un balcone con assicelle bianche.

Os frágeis degraus de aço branco sobem até um terraço de ardósia branca.

Le antiche case giapponesi poggiano su supporti di legno che le innalzano a una certa distanza dal terreno, una traccia delle loro radici del Sudest asiatico, con le sue tipiche costruzioni elevate su pilastri in mezzo ai boschi. La casa Florest Floor dell'architetto Kengo Kuma reinventa tale tradizione di luminosità, fragilità e apertura. Con le sue colonne di sostegno nascoste in profondità al di sotto della casa, il volume cubico soprastante pare poggiare sui sottili tubolari posti lungo i lati, talmente esili da non sembrare elementi portanti. I gradini e le balaustre sono così privi di consistenza che quasi scompaiono. Al di sopra, non tanto una serie di abitazioni quanto piuttosto un piano fluttuante a pianta libera, una piattaforma d'osservazione vetrata che domina il verde circostante. Accentua tale senso di leggerezza il colore bianco della casa, con una pavimentazione in legno chiaro. «Voglio recuperare la tradizione giapponese, non quella relativa ai 'monumenti' ma piuttosto agli edifici più 'esili'», afferma Kuma. Gli elementi artificiali della casa sono sottili, fragili, bianchi, uniformi e trasparenti, una delicata imbarcazione che fluttua in un mare verdeggiante.

As casas japonesas mais antigas erguem-se sobre suportes de madeira para ficarem um pouco elevadas em relação ao solo, um vestígio das raízes do sudeste asiático, em que as casas se erguiam em pilares altos no meio da floresta. A casa Forest Floor do arquitecto Kengo Kuma reinventa esta tradição de translucidez, fragilidade e abertura. Com a principal coluna de sustentação escondida por baixo da casa, a superestrutura cúbica parece apoiar-se em tubos estreitos colocados dos lados, tão frágeis que mal parecem sustentar qualquer peso. Os degraus e os corrimões são tão ténues, que quase desaparecem. Por cima destes suportes flutua um espaço aberto, uma plataforma de observação vidrada com vista para a floresta no exterior. Para acentuar a sensação de leveza, a casa é toda branca, tanto do lado de dentro como de fora, com pavimento de madeira clara. «Quis recuperar a tradição japonesa, não a dos "monumentos", mas sim a dos edifícios mais "fracos"» afirma Kuma. Nesta casa, tudo o que é feito pelo homem é fino, frágil, branco, simples e transparente, uma embarcação delicada num mar de natureza verdejante.

El piso superior parece flotar sobre los ligeros soportes de acero.

Il secondo livello sembra fluttuare al di sopra degli esili sostegni di acciaio.

O segundo piso parece flutuar sobre suportes de aço pouco resistentes.

FOREST FLOOR / NAGANO

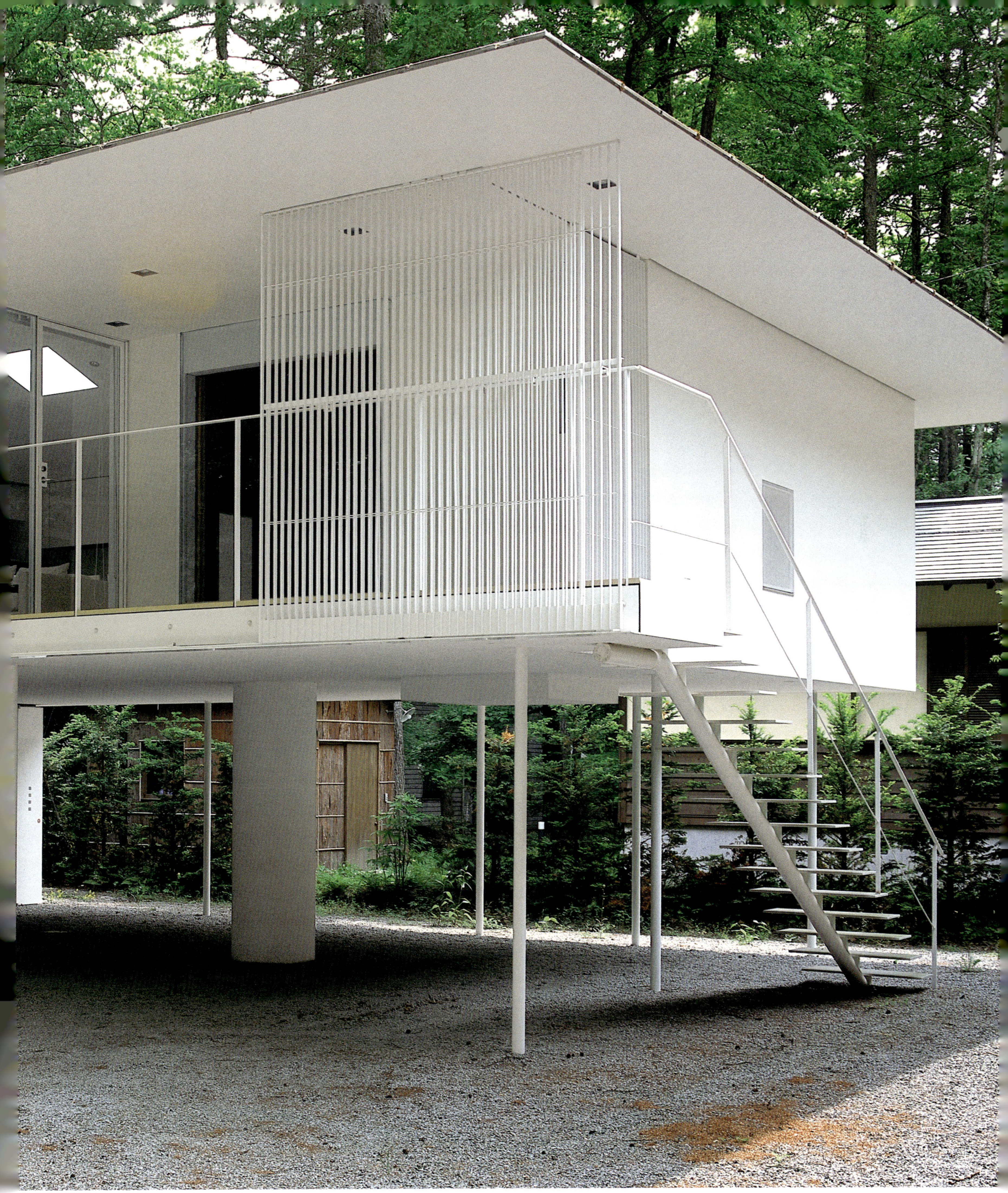

IZQUIERDA, ARRIBA:
En la cocina angular, amueblada con sillas y una mesa de cristal, y coronada por un tragaluz, domina asimismo el blanco.

IZQUIERDA, ABAJO:
Mullido reposacabezas, lámpara y bosque.

DERECHA, ARRIBA:
El salón, concebido también en blanco, constituye básicamente un espacio transparente, una «planta elevada» desde donde contemplar el bosque.

DERECHA, ABAJO:
El bosque se puede observar tanto desde abajo como desde arriba de la «planta elevada».

A SINISTRA, IN ALTO:
La cucina angolare, con sedie e un tavolo di vetro, è illuminata da un lucernario. Anche in questo spazio domina il bianco.

A SINISTRA, IN BASSO:
Un poggiatesta generosamente imbottito, una lampada e il bosco.

A DESTRA, IN ALTO:
La zona giorno, in cui è sempre il bianco a farla da padrone, è in pratica uno spazio trasparente, o un «piano» da cui osservare il bosco.

A DESTRA, IN BASSO:
La vista della foresta si apre sia al di sotto che al di sopra del «piano».

À ESQUERDA, EM CIMA:
A cozinha angular com cadeiras e uma mesa de vidro, por cima da qual existe uma clarabóia, reforça a temática do branco.

À ESQUERDA, EM BAIXO:
Almofadas grossas, candeeiro e floresta.

À DIREITA, EM CIMA:
A sala de estar subordinada à temática do branco é, basicamente, um espaço transparente ou um «apartamento» para contemplar a floresta.

À DIREITA, EM BAIXO:
A floresta pode ser contemplada tanto acima como abaixo do «apartamento».

120

FOREST FLOOR / NAGANO

121

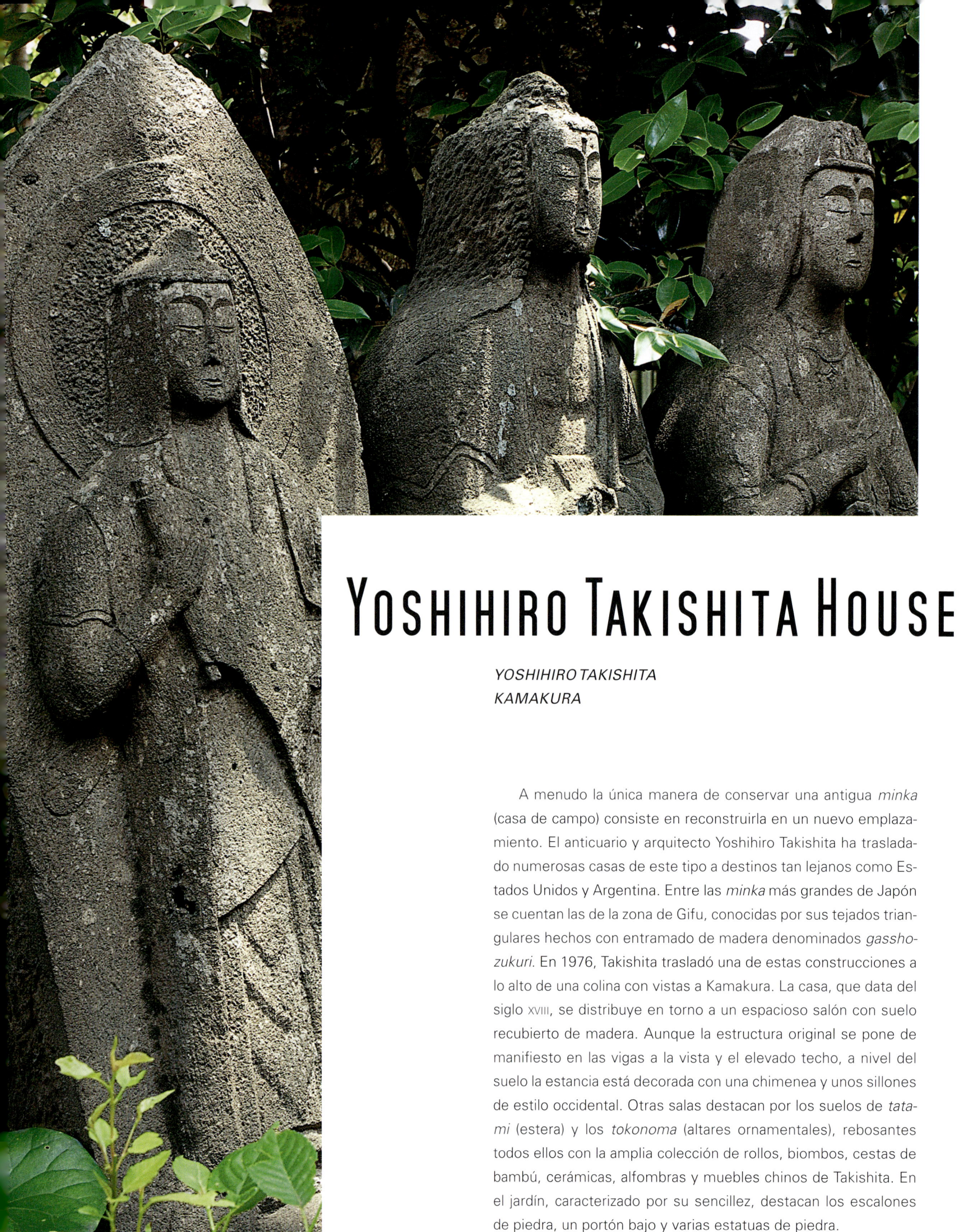

Yoshihiro Takishita House

YOSHIHIRO TAKISHITA
KAMAKURA

A menudo la única manera de conservar una antigua *minka* (casa de campo) consiste en reconstruirla en un nuevo emplazamiento. El anticuario y arquitecto Yoshihiro Takishita ha trasladado numerosas casas de este tipo a destinos tan lejanos como Estados Unidos y Argentina. Entre las *minka* más grandes de Japón se cuentan las de la zona de Gifu, conocidas por sus tejados triangulares hechos con entramado de madera denominados *gasshozukuri*. En 1976, Takishita trasladó una de estas construcciones a lo alto de una colina con vistas a Kamakura. La casa, que data del siglo XVIII, se distribuye en torno a un espacioso salón con suelo recubierto de madera. Aunque la estructura original se pone de manifiesto en las vigas a la vista y el elevado techo, a nivel del suelo la estancia está decorada con una chimenea y unos sillones de estilo occidental. Otras salas destacan por los suelos de *tatami* (estera) y los *tokonoma* (altares ornamentales), rebosantes todos ellos con la amplia colección de rollos, biombos, cestas de bambú, cerámicas, alfombras y muebles chinos de Takishita. En el jardín, caracterizado por su sencillez, destacan los escalones de piedra, un portón bajo y varias estatuas de piedra.

El arquitecto y anticuario Takishita contempla la arboleda de bambú del jardín norte.

L'antiquario e architetto Takishita contempla il bosco di bambù del giardino nord.

Takishita, negociante de antiguidades e arquitecto, contempla o bosque de bambu no jardim norte.

Spesso l'unico modo per salvare le antiche *minka* (case rurali) è quello di ricostruirle in una nuova ubicazione. Yoshihiro Takishita, antiquario e architetto, ne ha trasferito a decine in luoghi ben distanti come gli Stati Uniti e l'Argentina. Le case rurali della zona di Gifu sono tra le più grandi *minka* del Giappone, famose per le loro coperture a due spioventi realizzate legando insieme dei tronchi e conosciute come *gassho-zukuri*. Nel 1976, Takishita ne trasportò una nella sua ubicazione attuale, una collina che domina Kamakura. Questa residenza del XVIII secolo si sviluppa ora intorno a un ampio soggiorno con pavimentazione in legno. La struttura originale si rivela nell'alto soffitto e nelle travi a vista, ma al piano terreno lo spazio presenta delle poltrone e un focolare in stile occidentale. Altri ambienti accolgono *tatami* (stuoie) e *tokonoma* (alcove), oltre ai vari arredi della vasta collezione di Takishita come stuoie, paraventi, canestri di bambù, ceramiche, tappeti e mobili cinesi. Le camere del livello superiore ospitano uno studio e una biblioteca. Il semplice giardino è formato da scalini di pietra, una recinzione bassa e delle statue di pietra in mezzo a canne, fiori e bambù.

Muitas vezes, a única maneira de salvar as *minka* (casas de campo) antigas consiste em reconstruí-las num novo local. O negociante de antiguidades e arquitecto Yoshihiro Takishita já mudou dezenas de casas destas para lugares tão distantes como os Estados Unidos e a Argentina. Entre as maiores *minka* do Japão contam-se as casas de campo da zona de Gifu, famosas pelos telhados triangulares feitos de madeiras cruzadas, conhecidos como *gassho-zukuri*. Em 1976, Takishita levou uma destas para o lugar onde se encontra actualmente, num monte com vista sobre Kamakura. Remontando ao século XVIII, a casa reconstruída centra-se em torno de uma sala de estar espaçosa com soalho de madeira. A estrutura original revela-se no tecto alto e nas traves à mostra, mas ao nível do chão a sala conta com uma lareira de inspiração ocidental e cadeirões. Noutras salas, encontramos *tatami* (tapetes) e *tokonoma* (alcovas), todas elas repletas de exemplares da extensa colecção de rolos, biombos, cestos de bambu, cerâmica, tapetes e mobiliário chinês de Takishita. O jardim simples é composto por degraus de pedra, um portão baixo e estátuas de pedra no meio das ervas, das flores e do bambu.

IZQUIERDA, ARRIBA:
Una ensou (ventana circular) parcialmente abierta deja ver la arboleda de bambú del jardín norte.

IZQUIERDA, ABAJO:
Biombo de dos paneles de seda del periodo Taisho (1912–1926) con la imagen de unas campesinas con flores en la cabeza. A la izquierda hay una escultura de madera de la diosa de la piedad.

DERECHA, ARRIBA:
Un portón de un solo piso de altura con un tejado de teja a dos aguas ofrece acceso al recinto principal de la casa. Un par de dioses custodios flanquean la entrada.

DERECHA, ABAJO:
Una mampara de seis paneles, una andon (lámpara de pie) roja y un biombo de dos paneles con hierbas de otoño bordean la zona cubierta de tatami de la galería de la planta baja.

A SINISTRA, IN ALTO:
Una finestra rotonda, chiamata ensou, leggermente aperta lascia vedere il bosco di bambù del giardino nord.

A SINISTRA, IN BASSO:
Un paravento di seta a due ante dell'epoca Taisho (1912–1926) raffigura alcune contadine con dei fiori sulla testa. Sulla sinistra, una scultura in legno della dea della pietà.

A DESTRA, IN ALTO:
L'entrata a un livello, con copertura di tegole a quattro falde, conduce alla casa principale. Una coppia di Dei guardiani protegge l'accesso su entrambi i lati.

A DESTRA, IN BASSO:
Un paravento a sei ante, una andon (lampada da terra) rossa e un paravento a due ante con erbe autunnali delimitano la zona con tatami della galleria al piano terreno.

À ESQUERDA, EM CIMA:
Uma janela circular, denominada ensou, parcialmente aberta para deixar ver o bosque de bambu do jardim norte.

À ESQUERDA, EM BAIXO:
Um biombo articulado de seda Taisho (1912–1926) de dois painéis com uma cena rural de duas mulheres a carregarem flores sobre a cabeça. À esquerda, existe uma escultura da Deusa da Misericórdia.

À DIREITA, EM CIMA:
Um portão com telhado de duas águas dá acesso à casa principal. De cada lado da entrada, existe um deus-guardião.

À DIREITA, EM BAIXO:
Um biombo de seis painéis, um andon (candeeiro de chão) vermelho e um biombo de dois painéis com ervas outonais delimitam a secção revestida a tatami da galeria do rés-do-chão.

YOSHIHIRO TAKISHITA HOUSE / KAMAKURA

125

Una mampara de seis paneles con la imagen de unos guerreros de la batalla de Genpei y otro par de mamparas tituladas «Playa de los pinos» bordean las paredes de la galería de la planta baja.

Un paravento a sei ante raffigurante dei guerrieri della battaglia di Genpei e due paraventi a sei ante intitolati «Spiaggia dei pini» lungo le pareti della galleria al piano terreno.

Um biombo de seis painéis com guerreiros na batalha de Genpei e alguns biombos de seis painéis intitulados «Praia dos Pinheiros» orlam as paredes da galeria do rés-do-chão.

YOSHIHIRO TAKISHITA HOUSE / KAMAKURA

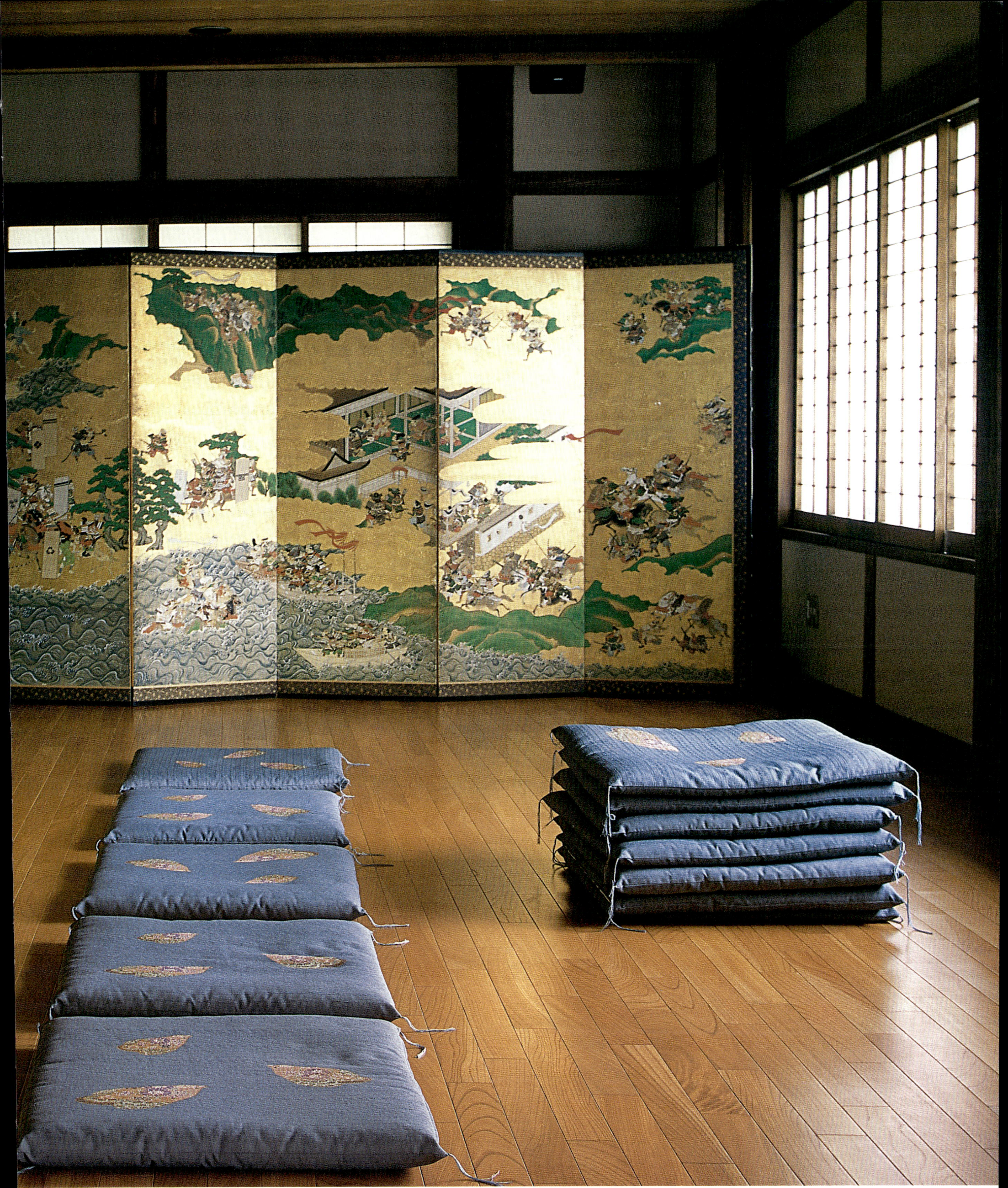

DERECHA:
Varias esteras de cañizo atadas con una soga de paja de arroz a las vigas de madera ennegrecidas por el humo crean un clima acogedor en una sala de lectura con estanterías empotradas y armarios situados en la parte superior de la galería oeste.

PÁGINA DE LA DERECHA:
En la galería oeste hay una silla china de la dinastía Qing y varias dantsu *(alfombras) colocadas en la engawa (veranda), cerrada por medio de shoji (puertas correderas).*

A DESTRA:
Stuoie di canne legate a tronchi anneriti dal fumo con funi di paglia di riso compongono un'accogliente sala lettura con scaffali e arredi incassati nella galleria ovest al livello superiore.

PAGINA DI DESTRA:
Nella galleria ovest, una sedia cinese della dinastia Qing e dantsu *(tappeti) sulla engawa (veranda), chiusa mediante porte scorrevoli shoji.*

À DIREITA:
Os tapetes de palheta fixos às madeiras escurecidas pelo fumo com corda de palha do arroz criam uma sala de leitura aconchegante com prateleiras e armários embutidos no piso superior da galeria ocidental.

PÁGINA DA DIREITA:
Uma cadeira chinesa da dinastia Qing e dantsu *(tapetes) colocados na engawa (varanda) marcam presença na galeria ocidental rodeada de shoji (portas deslizantes).*

YOSHIHIRO TAKISHITA HOUSE / KAMAKURA

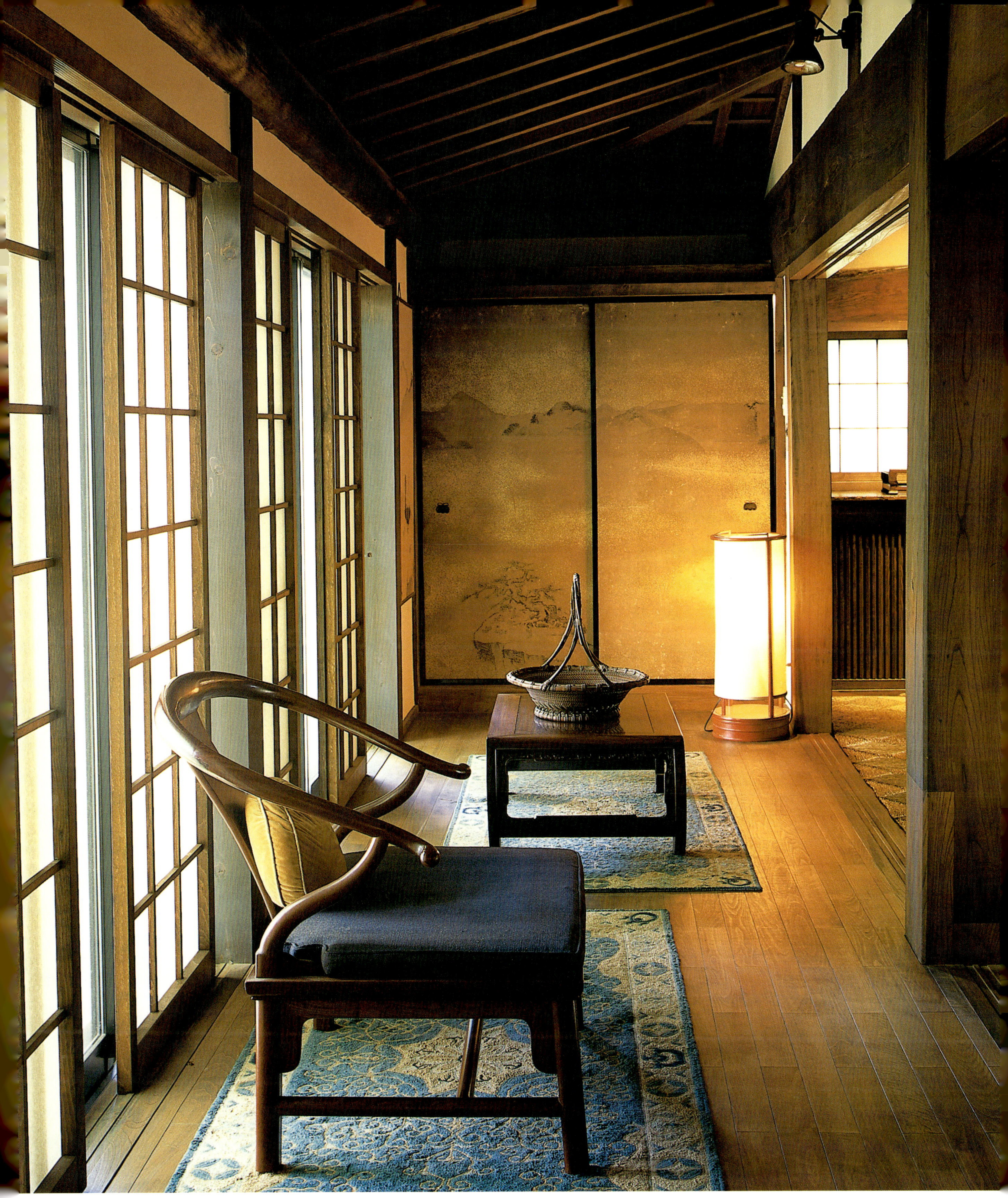

En el comedor de techos altos de la galería oeste hay un fuego encendido en la chimenea de estilo occidental. La mesa está hecha con puertas de un kura (almacén).

Sotto gli alti soffitti del salotto della galleria ovest, un fuoco acceso nel camino in stile occidentale. Il tavolo è stato ricavato dalle porte di un kura (magazzino).

Uma lareira ocidental aquece a sala de estar da galeria ocidental, com o seu generoso pé direito. A mesa foi feita a partir das portas de um kura (armazém).

YOSHIHIRO TAKISHITA HOUSE / KAMAKURA

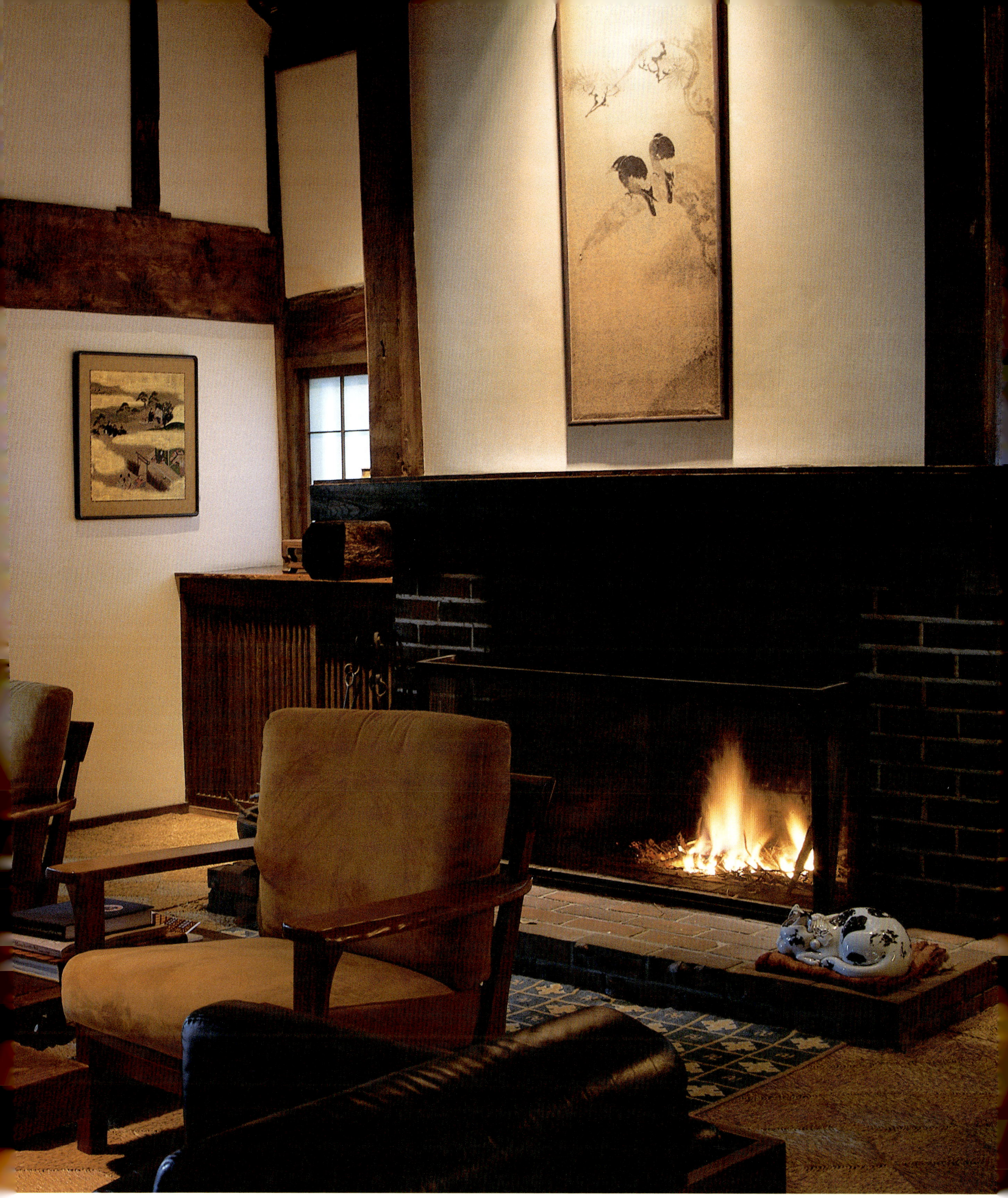

Yukiko Hanai Villa

BY EIZO SHIINA FOR YUKIKO HANAI
HAKONE, KANAGAWA

En respuesta al encargo de su cliente, el diseñador Yukiko Hanai, de proyectar una «casa de campo» en pleno bosque, el arquitecto Eizo Shiina hizo que el bosque tuviera presencia en el interior mismo de la casa en forma de enormes pilares que superan los cuatro metros de altura. Las puertas correderas de cristal que se abren a los árboles del exterior contribuyen a reafirmar esa ilusión. Shiina mezcla dos tradiciones diferentes. Por un lado están los muros de ladrillo en relieve, el puente voladizo y las escaleras de acceso al vestíbulo que conducen tanto a un nivel superior como inferior para poner de manifiesto el contraste entre los diferentes espacios, elementos todos ellos que rinden homenaje a Frank Lloyd Wright. Por otro, la incorporación de la madera como componente arquitectónico responde a la tradición clásica japonesa. Shiina se sirvió de la carpintería típica de los templos budistas para crear un armazón escalonado. Los pilares que se alzan en el centro de la estancia se asemejan a aquellos que se encuentran en los santuarios sintoístas más antiguos. El efecto buscado radica en combinar el modernismo estadounidense con un sentido del culto propio de la tradición japonesa más antigua.

El segundo piso está rodeado de una veranda realzada por la presencia de árboles sugi (criptomeria), podados para que crezcan rectos hasta alcanzar una gran altura.

La veranda avvolge il secondo piano ed è messa in risalto dai sugi, o cedri giapponesi, che vengono potati per favorirne la crescita in verticale.

A varanda envolve todo o segundo piso, realçada pelas sugi (criptométricas), cujos ramos foram podados para as árvores crescerem fortes e direitas.

L'architetto Eizo Shiina, incaricato dal designer Yukiko Hanai di progettare una 'casa rurale' tra i boschi, ha portato la vegetazione all'interno sotto forma di pilastri massicci che superano i quattro metri d'altezza. Le porte scorrevoli di vetro rafforzano l'illusione che il bosco faccia parte della casa. All'interno, il riscaldamento al di sotto della pavimentazione e la canna del camino al di sopra del tavolo da pranzo al centro dell'ambiente ricreano l'accogliente atmosfera di un rifugio di montagna. Shiina fonde nel progetto due tradizioni diverse: ruvide pareti di mattoni, una passerella aggettante e le scale della zona d'ingresso che conducono ai livelli superiore e inferiore e rivelano spazi contrastanti, un omaggio a Frank Lloyd Wright; tuttavia l'uso del legno all'interno è tipico della tradizione giapponese. Shiina ha utilizzato le travi e i montanti secondo gli schemi dei templi buddisti per creare una struttura di sostegno in file sovrapposte. Al centro dell'ambiente ha collocato dei pilastri elevati come quelli tipici degli antichi santuari scintoisti. Il risultato è una combinazione tra il Moderno statunitense e la religiosità dell'antico Giappone, perfetta per un rifugio nel bosco sacro.

Convidado pelo cliente, o designer Yukiko Hanai, a projectar uma «casa de campo» no meio da floresta, o arquitecto Eizo Shiina trouxe a floresta para dentro de casa sob a forma de pilares maciços que chegam a ter mais de quatro metros. As portas de vidro deslizantes que se abrem para o exterior, para mais árvores, reforçam a ilusão de que a floresta faz parte da casa. No interior, o pavimento aquecido e uma conduta da chaminé sobre a mesa de jantar central criam o ambiente acolhedor de um abrigo de montanha. Shiina combina duas tradições no projecto. As paredes de tijolo texturadas, a ponte suspensa e as escadas no átrio da entrada que sobem e descem, revelando espaços contrastantes. É uma homenagem a Frank Lloyd Wright. Todavia, o trabalho de madeira no interior da casa baseia-se na tradição clássica japonesa. Shiina utilizou a marcenaria de trave e poste característica dos templos budistas para criar uma estrutura de sustentação com várias camadas. No centro da sala, ergueu elegantes pilares como aqueles que podemos encontrar nos santuários Shinto mais antigos. O efeito é combinar o modernismo americano com um certo carácter religioso ancestral nipónico.

En la estancia central destaca una mesa grande hecha de roble japonés, con fogones de gas incrustados en la madera para cocinar en ella. Sobre la mesa hay un tiro de hierro para la salida del humo.

La sala centrale accoglie un grande tavolo di quercia giapponese in cui sono inseriti dei fornelli a gas per cucinare a tavola con l'ausilio della canna fumaria di ferro in alto.

Na sala central existe uma grande mesa feita de carvalho japonês, com bicos de gás embutidos para cozinhar à mesa. Uma campânula de ferro por cima da mesa faz a exaustão dos fumos.

YUKIKO HANAI VILLA / HAKONE – KANAGAWA

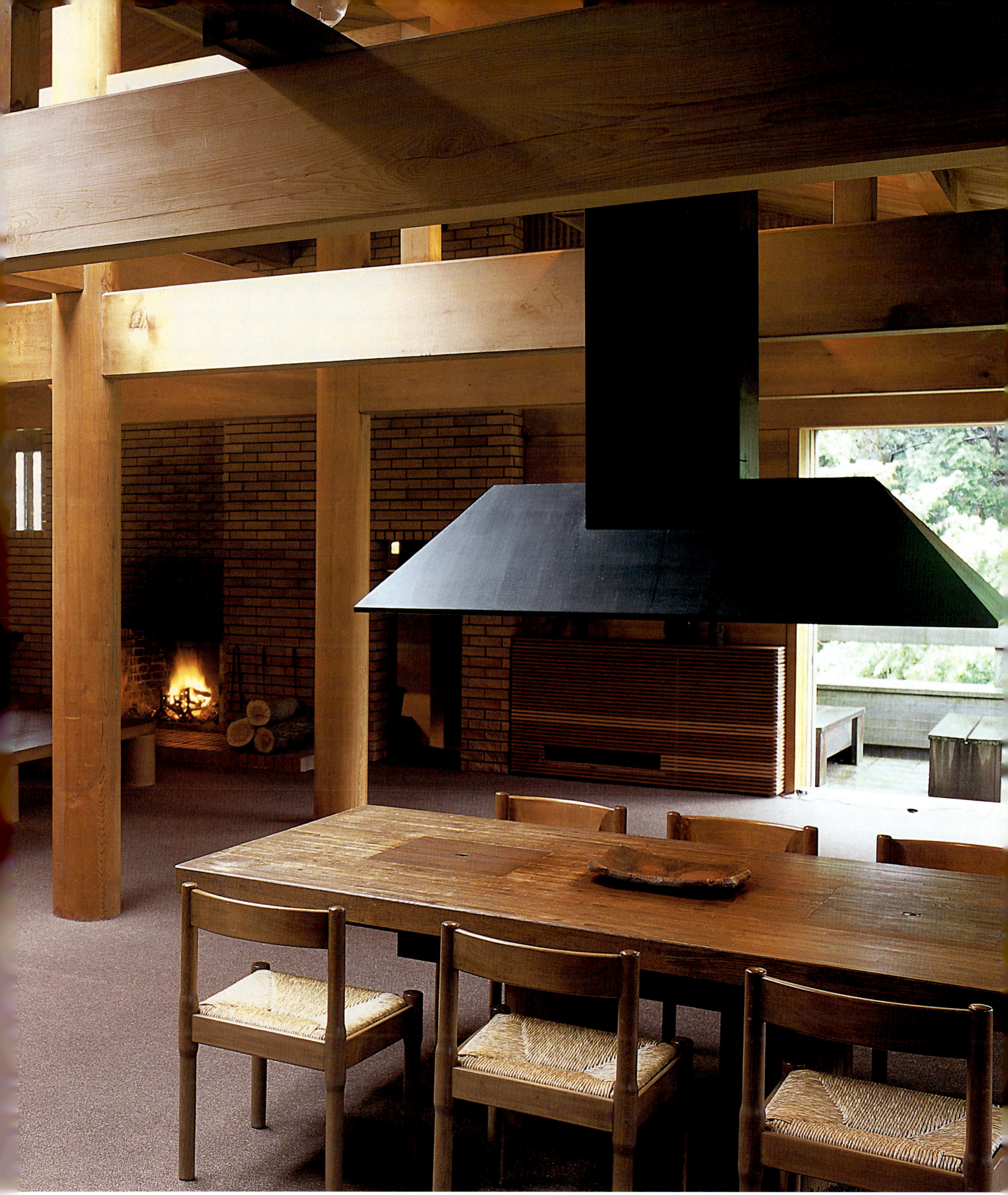

IZQUIERDA, ARRIBA:
Las enormes vigas de la estancia central, que recuerdan a la arquitectura propia de templos y santuarios, se elevan hasta los tragaluces de listones situados en lo alto del techo. En primer plano se ve la cocina con paredes de madera.

IZQUIERDA, ABAJO:
A medida que uno se aproxima a la casa, las paredes de ladrillo, sobre las que sobresalen ramas de árboles, crean un corredor al margen del mundo exterior.

DERECHA:
Con las shoji (puertas) abiertas, la vista de la mesa central de roble y el tiro de hierro se extiende a través de un ventanal de cristal, coronado por un travesaño de vidrio con un marco de madera, hasta perderse en el bosque.

A SINISTRA, IN ALTO:
La travatura massiccia dello spazio centrale, che ricorda l'architettura dei templi e dei santuari, si eleva fino agli alti lucernari ad assicelle. In primo piano, la cucina con le pareti di legno.

A SINISTRA, IN BASSO:
L'approccio: le pareti con la trama di mattoni e i rami sporgenti creano un passaggio chiuso al mondo esterno.

A DESTRA:
Con le porte shoji spalancate, lo sguardo percorre l'ambiente con il tavolo di quercia e la canna di ferro per arrivare al bosco attraversando una grande vetrata sormontata da una sopraffinestra di vetro con telaio in legno.

À ESQUERDA, EM CIMA:
As imponentes traves da sala central, reminiscentes da arquitectura de templos e santuários, erguem-se até às claraboias ranhuradas bem altas. Em primeiro plano, vê-se a cozinha com paredes de madeira.

À ESQUERDA, EM BAIXO:
Abordagem: paredes de tijolo texturado com ramos por cima criam uma passagem que exclui o mundo exterior.

À DIREITA:
Com as shoji (portas) abertas, a vista sobre a mesa central de carvalho com a campânula de ferro estende-se até à floresta através de uma vasta janela de vidro, encimada por um painel vítreo numa moldura de madeira.

YUKIKO HANAI VILLA / HAKONE – KANAGAWA

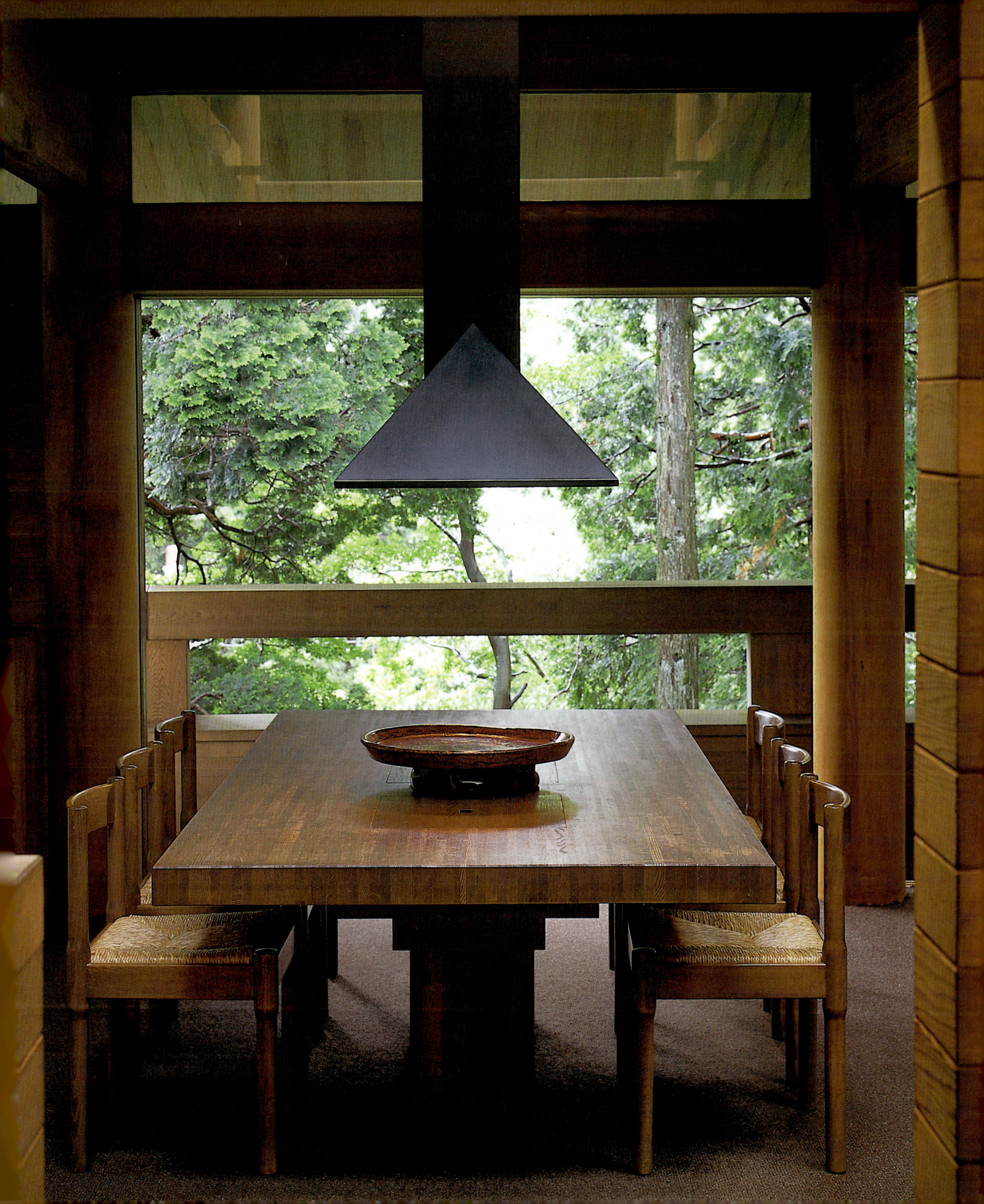

DERECHA:
Un sendero de piedras naturales de gran tamaño se adentra en el bosque.

PÁGINA DE LA DERECHA:
La bañera, hecha de granito negro, rebosa de agua con propiedades curativas procedente de las famosas fuentes termales de Hakone.

A DESTRA:
Il sentiero di grandi pietre naturali penetra nel bosco.

PAGINA DI DESTRA:
La vasca di granito nero trabocca dell'acqua termale condotta qui dalle famose sorgenti calde di Hakone.

À DIREITA:
Um caminho de pedras naturais de grandes dimensões vai dar ao bosque.

PÁGINA DA DIREITA:
A banheira feita de granito preto está cheia até cima de água medicinal bombeada das famosas nascentes de água quente de Hakone.

YUKIKO HANAI VILLA / HAKONE – KANAGAWA

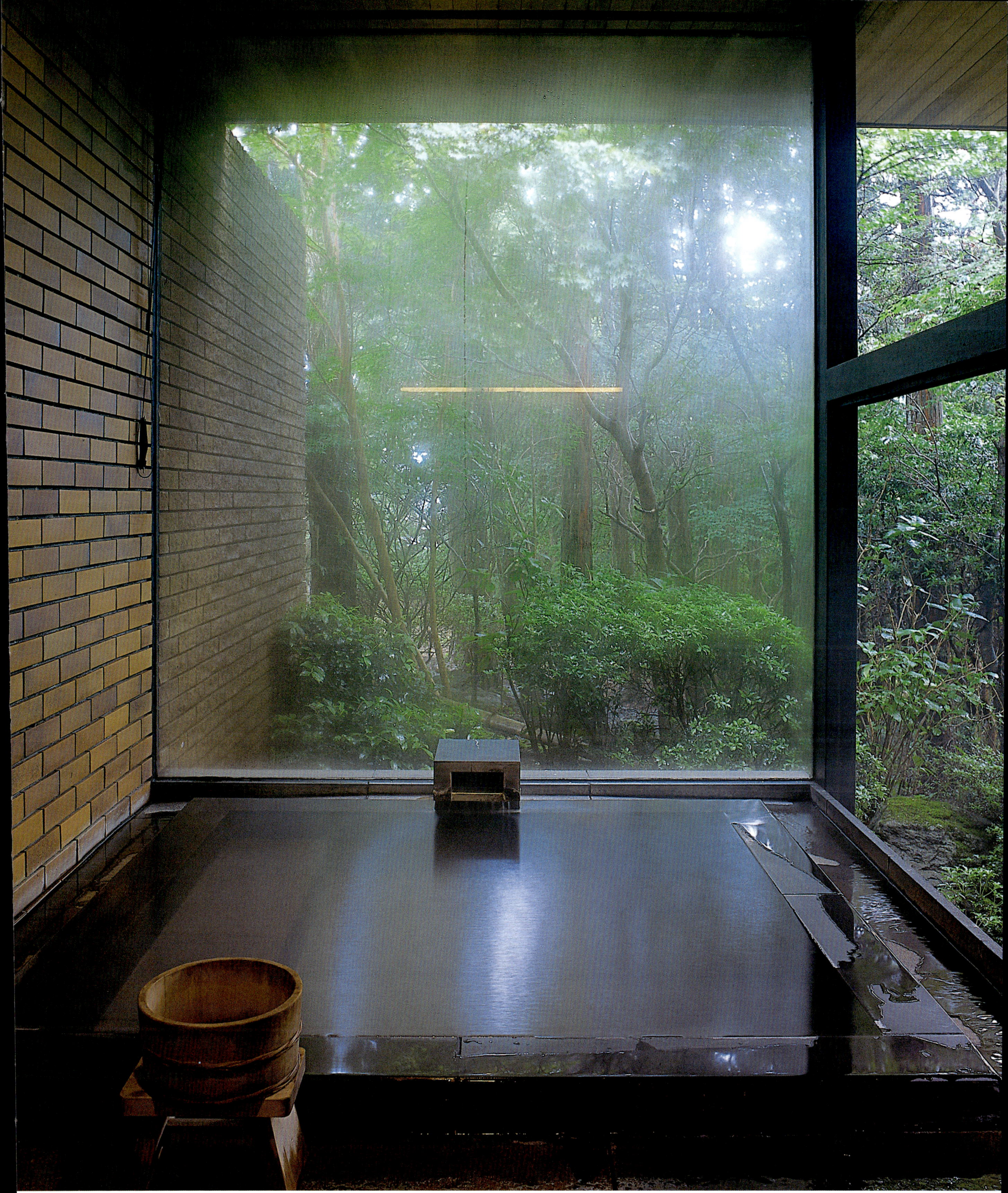

Chizanso Villa

YOICHIRO USHIODA
KAMAKURA

Las colinas y playas de Hayama, al sur de Kamakura, fueron en su día la Costa Azul de Japón, con la presencia de medio millar de casas de recreo distribuidas en torno a una residencia imperial que aún sigue en uso. Hoy en día solo queda una cincuentena de dichas construcciones, entre las cuales destaca la de Chizanso como la de mayor extensión. Issei Hatakeyama, pionero del sector industrial en el siglo XX, mandó construir Chizanso en la primera década del siglo XX. En los terrenos de la propiedad hay un portón con tejado de paja y un templo del siglo XVI, una casa de campo del periodo Edo, una casa del té de estilo *sukiya* diseñada por Togo Murano en los años sesenta y un *kura* (almacén), edificaciones todas ellas traídas desde distintos puntos de origen. El propietario actual de Chizanso, Yoichiro Ushioda, sigue conservando los tejados de paja, que requieren de una reconstrucción cada veinte años. Issho, el sacerdote zen residente en el complejo, se encarga del cuidado de los jardines de musgo, el salón de té, los setos y el bosque de bambú. Issho, que durante dieciocho años enseñó filosofía zen en Estados Unidos, ha transformado Chizanso en un tranquilo retiro adecuado para la meditación.

Issho, el monje budista encargado del mantenimiento de la mansión, meditando.

Issho, monaco buddista e custode della villa, siede in meditazione.

Issho, monge budista e zelador da casa, está sentado a meditar.

Le colline e le spiagge di Hayama, a sud di Kamakura, costituivano un tempo la 'Costa Azzurra' del Giappone, e vantavano più di cinquecento ville della ricca nobiltà ubicate attorno a una residenza imperiale ancora in uso. Tuttavia, attualmente ne restano solo cinquanta e Chizanso è una delle strutture più grandi. Issei Hatakeyama, un industriale degli inizi del XX secolo, famoso collezionista ed esperto della cerimonia del tè, fece costruire Chizanso negli anni Dieci. Il lotto presenta un'entrata con copertura di paglia e un tempio del XVI secolo, una casa rurale dell'epoca Edo, una casa da tè in stile *sukiya* disegnata da Togo Murano negli anni Sessanta e un *kura* (magazzino) con pareti bianche di gesso, il tutto smontato in luoghi diversi e ricostruito qui. L'attuale proprietario di Chizanso, Yoichiro Ushioda, conserva ancora le coperture di paglia, che devono essere ricambiate ogni venti anni. Issho, il sacerdote Zen che risiede nel complesso, si occupa dei giardini di muschio, della sala da tè, dei cespugli di giunchi e del bosco di bambù. Issho, che ha trascorso diciotto anni in America come maestro di Zen, ha trasformato Chizanso in un eremo, un luogo in cui praticare la meditazione Zen in quieta solitudine.

As montanhas e praias de Hayama, a sul de Kamakura, já foram a costa mais chique do Japão, com mais de quinhentas casas de famílias nobres e abastadas, centradas em torno de uma residência imperial que ainda é usada. Hoje, porém, já só restam cinquenta vivendas e Chizanso é uma das maiores. Issei Hatakeyama, um industrial do início do século XX e reconhecido especialista da cerimónia do chá, mandou construir Chizanso na década de 1910. Na propriedade encontramos um portão com telhado de colmo e um templo do século XVI, uma casa de campo do período Edo, uma casa de chá ao estilo *sukiya* concebida por Togo Murano na década de 1960 e uma *kura* (armazém) com paredes de gesso branco, todos eles desmontados e trazidos para aqui a partir de diferentes locais. O actual proprietário de Chizanso, Yoichiro Ushioda, continua a manter os telhados de colmo, que têm de ser refeitos de vinte em vinte anos. Issho, o sacerdote Zen residente no complexo, trata dos jardins de musgo, da sala de chá, das sebes de juncos e da floresta de bambu. Issho, que passou dezoito anos a ensinar Zen nos Estados Unidos, transformou Chizanso num lugar para praticar Zen em reclusão tranquila.

142

IZQUIERDA, ARRIBA:
Una puerta baja da acceso a la sala dedicada a la ceremonia del té, a la que debe entrarse de rodillas, una forma de que todos los asistentes al acto se pongan a la misma altura.

IZQUIERDA, ABAJO:
El monje Issho posa frente al antiguo portón de entrada.

DERECHA, ARRIBA:
El portón de entrada con tejado de paja, que data del siglo XVI, fue construido en Kamakura y trasladado a esta finca en 1910.

DERECHA, ABAJO:
Vista lateral del Kannon-do o sala del bodhisattva, construida originariamente en el siglo XV en Kamakura, para ser trasladada y reconstruida posteriormente en los terrenos de esta finca.

A SINISTRA, IN ALTO:
Le porte basse della sala per la cerimonia del tè che gli ospiti devono varcare in ginocchio, un modo per livellare lo status di tutti i partecipanti.

A SINISTRA, IN BASSO:
Il monaco Issho davanti all'antico cancello d'ingresso.

A DESTRA, IN ALTO:
L'entrata con il tetto in paglia, costruita nel XVI secolo a Kamakura, fu trasportata qui nel 1910.

A DESTRA, IN BASSO:
Vista laterale della Kannon-do, o Sala di Bodhisattva, costruita nel XV secolo a Kamakura e in seguito trasportata e ricostruita qui.

À ESQUERDA, EM CIMA:
A porta baixa da sala da cerimónia do chá, onde todos têm de entrar ajoelhados, é uma forma de reduzir todos os participantes ao mesmo estatuto.

À ESQUERDA, EM BAIXO:
O monge Issho em frente do antigo portão de entrada.

À DIREITA, EM CIMA:
Remontando ao século XVI, o portão de entrada com telhado de colmo foi construído em Kamakura e mudado para esta propriedade em 1910.

À DIREITA, EM BAIXO:
Vista lateral do Kannon-do (salão de Bodisatva) construído no século XV em Kamakura e, posteriormente, mudado e reconstruído neste local.

CHIZANSO VILLA / KAMAKURA

143

«Meditación en movimiento» dentro del Kannon-do. Las plataformas elevadas cubiertas de tatami (estera) con cojines se destinan a la meditación zen, que se practica sentado.

«Meditazione peripatetica» all'interno della Kannon-do. Sulle piattaforme con tatami (stuoie) e cuscini ci si siede per la meditazione Zen.

«Meditação em movimento» dentro do Kannon-do. Os praticantes de meditação Zen sentam-se nas plataformas sobrelevadas de tatami (tapetes) com almofadas.

CHIZANSO VILLA / KAMAKURA

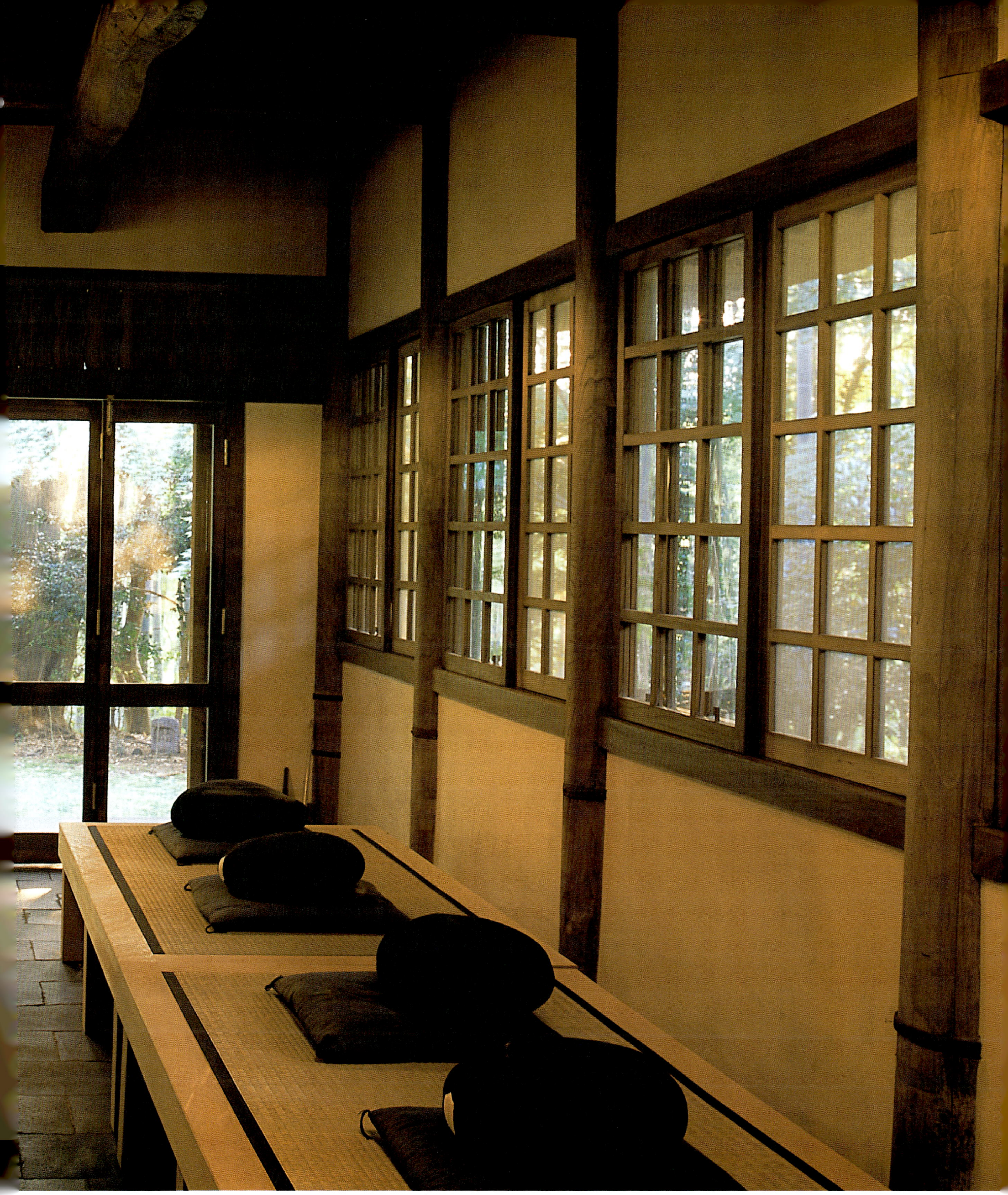

DERECHA:
Esta caja antigua contiene utensilios empleados en la ceremonia del té, envueltos en un furoshiki *(paño especial para envolver y transportar objetos).*

PÁGINA DE LA DERECHA:
El gong y los utensilios de la ceremonia del té se guardan en el kura.

A DESTRA:
Antica scatola contenente gli utensili per la cerimonia del tè, avvolti in una furoshiki *(tela speciale per avvolgere e trasportare oggetti).*

PAGINA DI DESTRA:
Il gong e gli utensili per la cerimonia del tè vengono custoditi nel kura.

À DIREITA:
Caixa antiquíssima com acessórios para a cerimónia do chá, envoltos em furoshiki *(tecido especial para embrulhar e transportar).*

PÁGINA DA DIREITA:
O gongo e os utensílios para a cerimónia do chá são colocados no kura para ficarem guardados em segurança.

CHIZANSO VILLA / KAMAKURA

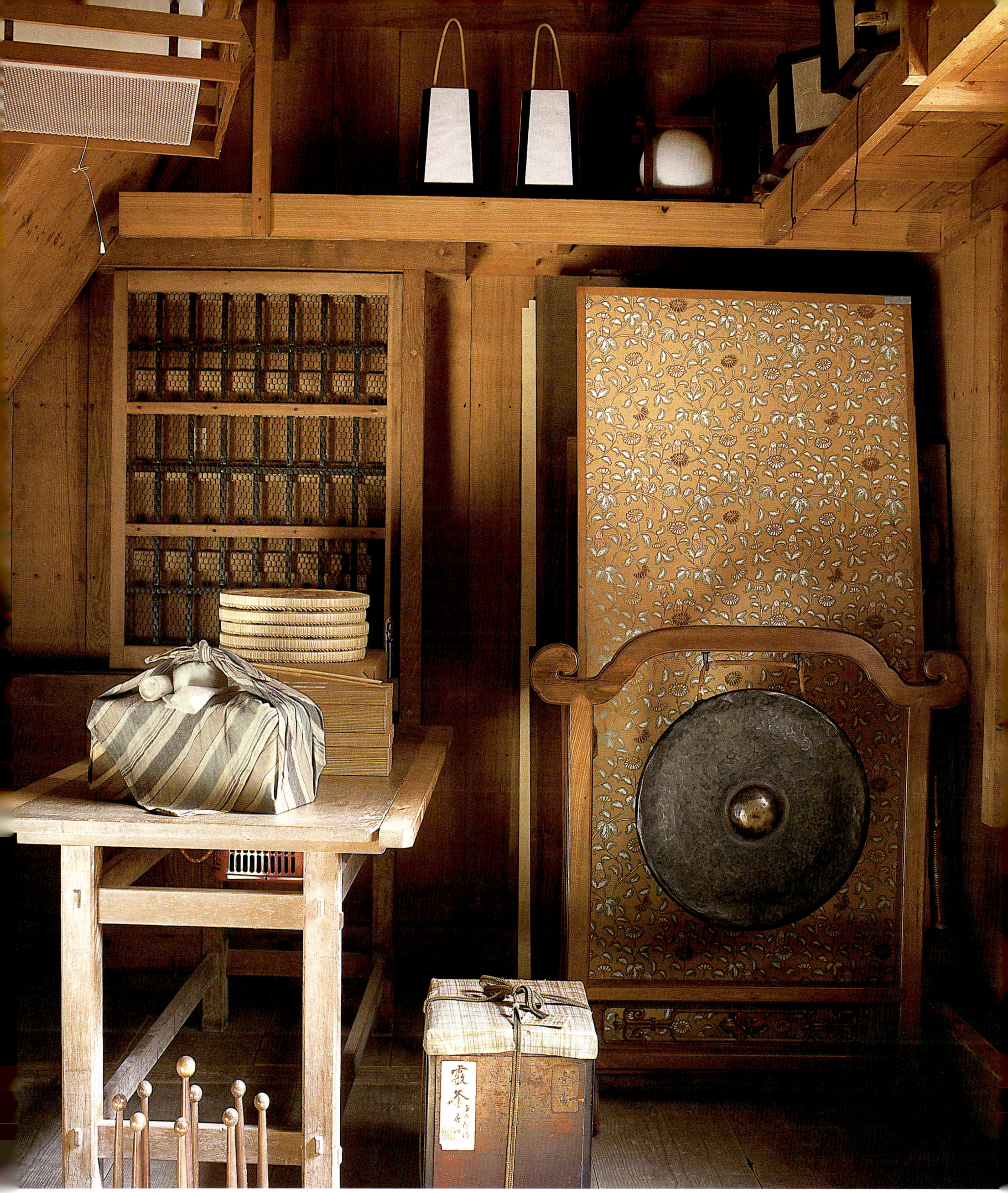

Entre los utensilios necesarios para la ceremonia del té se incluyen el chaki *(caja para guardar el té)* y la chashaku *(cuchara)*, el chasen *(batidor) y el* chawan *(cuenco).*

Gli utensili necessari per la preparazione del tè, tra cui il chaki *(barattolo) e il* chashaku *(cucchiaio),* la chasen *(frusta) e la* chawan *(ciotola).*

Entre os acessórios necessários para preparar o chá contam-se a chaki *(lata de chá) e a* chashaku *(concha), a* chasen *(batedeira) e a* chawan *(tigela de chá).*

148

CHIZANSO VILLA / KAMAKURA

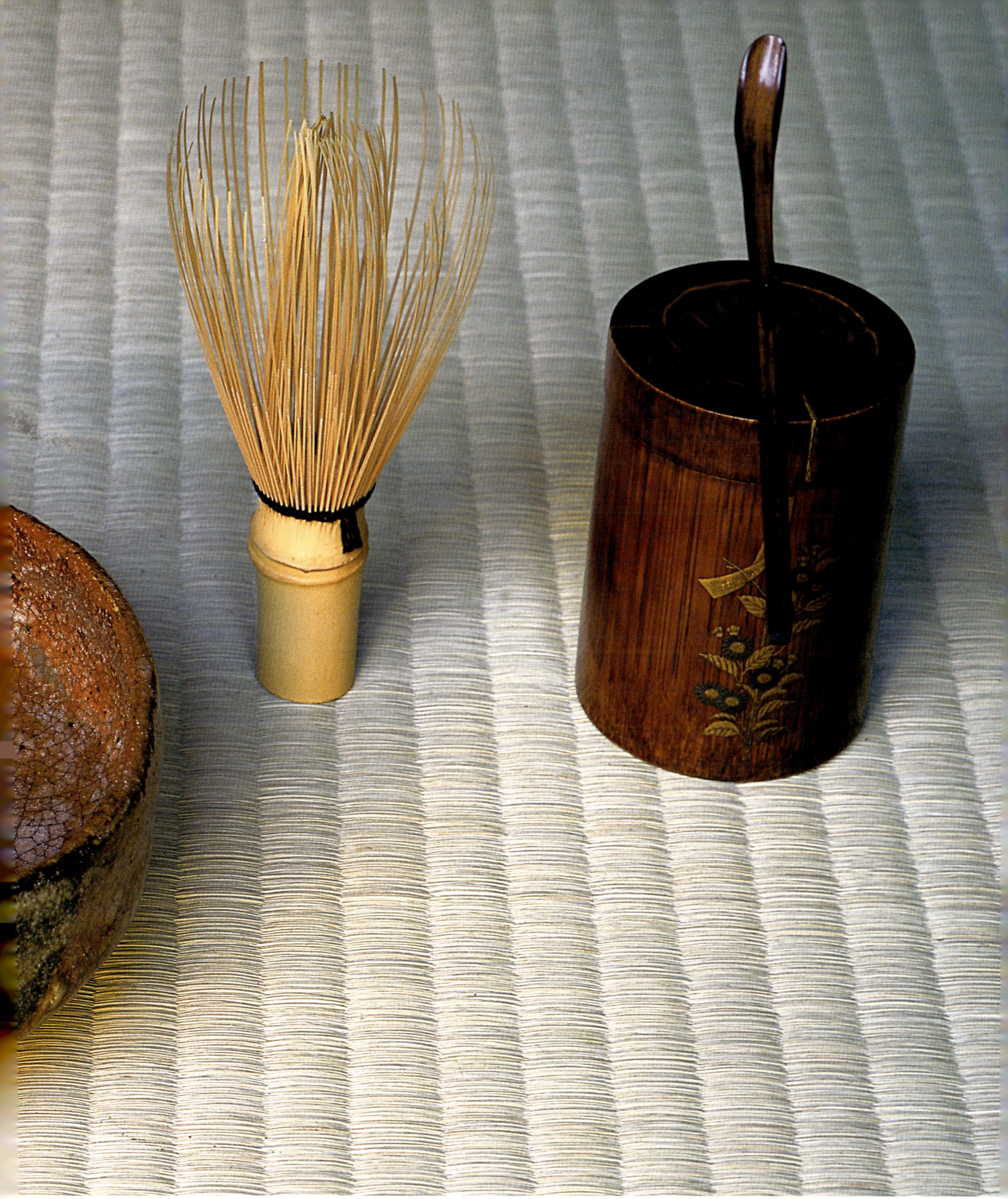

Lotus House

BY KENGO KUMA FOR YOICHIRO USHIODA
KAMAKURA

La madera, el bambú, el vidrio, la piedra, el plástico y el metal se prestan a usos imprevistos en manos del arquitecto Kengo Kuma. En la llamada Lotus House (casa del loto), construida en 2005 por encargo del empresario Yoichiro Ushioda, Kuma dispuso estrechos bloques de travertino en un entramado donde los rectángulos de roca penden de un armazón de acero inoxidable tan fino que parece casi invisible y permiten el paso del aire y la luz. La casa está enclavada en un paraje montañoso y boscoso, con un pequeño riachuelo que corre al pie del inmueble, al que se accede por la segunda planta, donde, a modo de «preludio arquitectónico», una piscina de efecto reflectante y una amplia terraza resaltan un ala de la mampara de piedra. Una vez dentro de la casa unas escaleras de piedra voladizas conducen a un patio central situado en el piso de abajo, un espacio flanqueado por más superficies de piedra en una trama de damero con vistas al estanque cubierto de lotos que da nombre a la casa. En el interior, blanco y exento de adornos, se combinan tres elementos: la austeridad del espacio, la exuberancia del entorno boscoso y la barroca frontera de una mampara de piedra porosa.

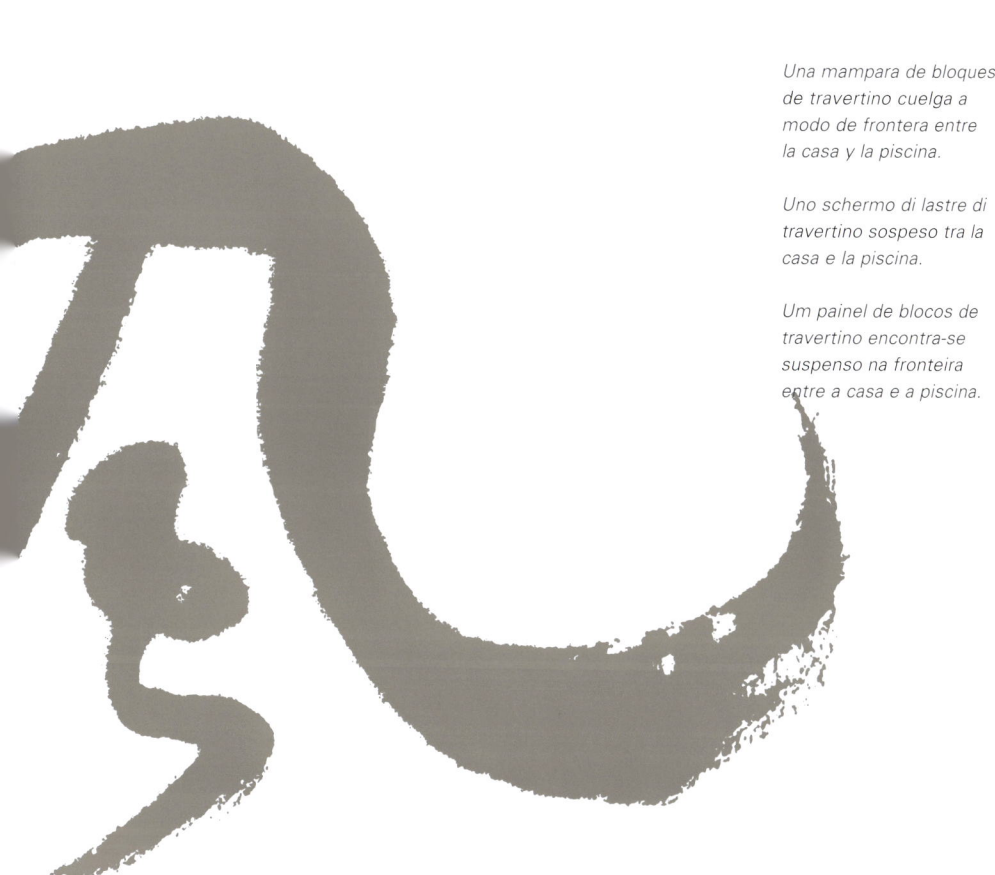

Una mampara de bloques de travertino cuelga a modo de frontera entre la casa y la piscina.

Uno schermo di lastre di travertino sospeso tra la casa e la piscina.

Um painel de blocos de travertino encontra-se suspenso na fronteira entre a casa e a piscina.

Legno, bambù, vetro, pietra, plastica e metallo nelle mani dell'architetto Kengo Kuma si prestano ad applicazioni sorprendenti. Per la Casa del Loto, costruita nel 2005 su commissione di Yoichiro Ushioda, l'uomo d'affari a cui appartiene anche villa Chizanso, Kuma ha disposto a scacchiera delle strette lastre rettangolari di travertino, appese a una struttura di acciaio inox sottile e quasi invisibile. Ne risultano degli schermi di pietra sospesi in aria, attraverso i quali circolano liberamente l'aria e la luce. La casa è ubicata in un contesto montagnoso e boscoso, con un piccolo ruscello che scorre lungo l'estremità del lotto. L'entrata è al secondo livello dove, come un 'preludio' architettonico, i riflessi della piscina e la sua generosa piattaforma mettono in risalto uno degli schermi di pietra. Varcata la porta, una scala di pietra a sbalzo conduce al cortile centrale sottostante, fiancheggiata da un'altra parete di pietra a scacchiera che affaccia sullo stagno di loti da cui la casa prende il nome. Bianco e spoglio all'interno, il complesso combina tre elementi: un interno spartano, l'esterno con la vegetazione lussuriosa e la barriera barocca formata dagli schermi di pietra porosa.

Nas mãos do arquitecto Kengo Kuma, a madeira, o bambu, o vidro, a pedra, o plástico e o metal prestam-se a utilizações inesperadas. Na Lotus House, construída em 2005 para o empresário Yoichiro Ushioda (proprietário da vivenda Chizanso, situada ali perto), Kuma dispôs blocos de travertino estreitos em malha, fazendo pender os rectângulos de uma estrutura de aço inoxidável fina e quase invisível. O efeito é um biombo de pedra, suspenso sem esforço, através do qual a luz e o ar passam sem qualquer impedimento. A casa está situada numa floresta na montanha, com um pequeno ribeiro aos pés da propriedade. Entra-se na casa através do segundo piso e, aqui, como que num «prelúdio» arquitectónico, uma piscina reflectora e o amplo terraço põem em destaque um dos elementos do biombo de pedra. Já do lado de dentro da porta, os degraus de pedra em balanço levam-nos a um pátio central flanqueado por mais extensões de xadrez de pedra que dão para o lago de flores de lótus que empresta o nome à casa. Com um interior branco e despojado, este complexo combina três elementos: interior sóbrio, exteriores verdejantes e a barreira barroca de um biombo e pedra porosa.

Entrada a la casa, a través del tejado de la planta baja, con el reflejo del muro de travertino en la piscina, de poca profundidad, y un mirador sobresaliente para observar la luna a la derecha.

L'entrata della casa, attraverso la copertura a terrazza del primo livello, con la parete di travertino riflessa nel basso specchio d'acqua e la piattaforma tsukimi sulla destra.

Entrada da casa, através da placa do telhado do primeiro andar, com a parede de travertino reflectida na piscina pouco profunda, que dispõe de uma plataforma projectada à direita para observação da lua.

LOTUS HOUSE / KAMAKURA

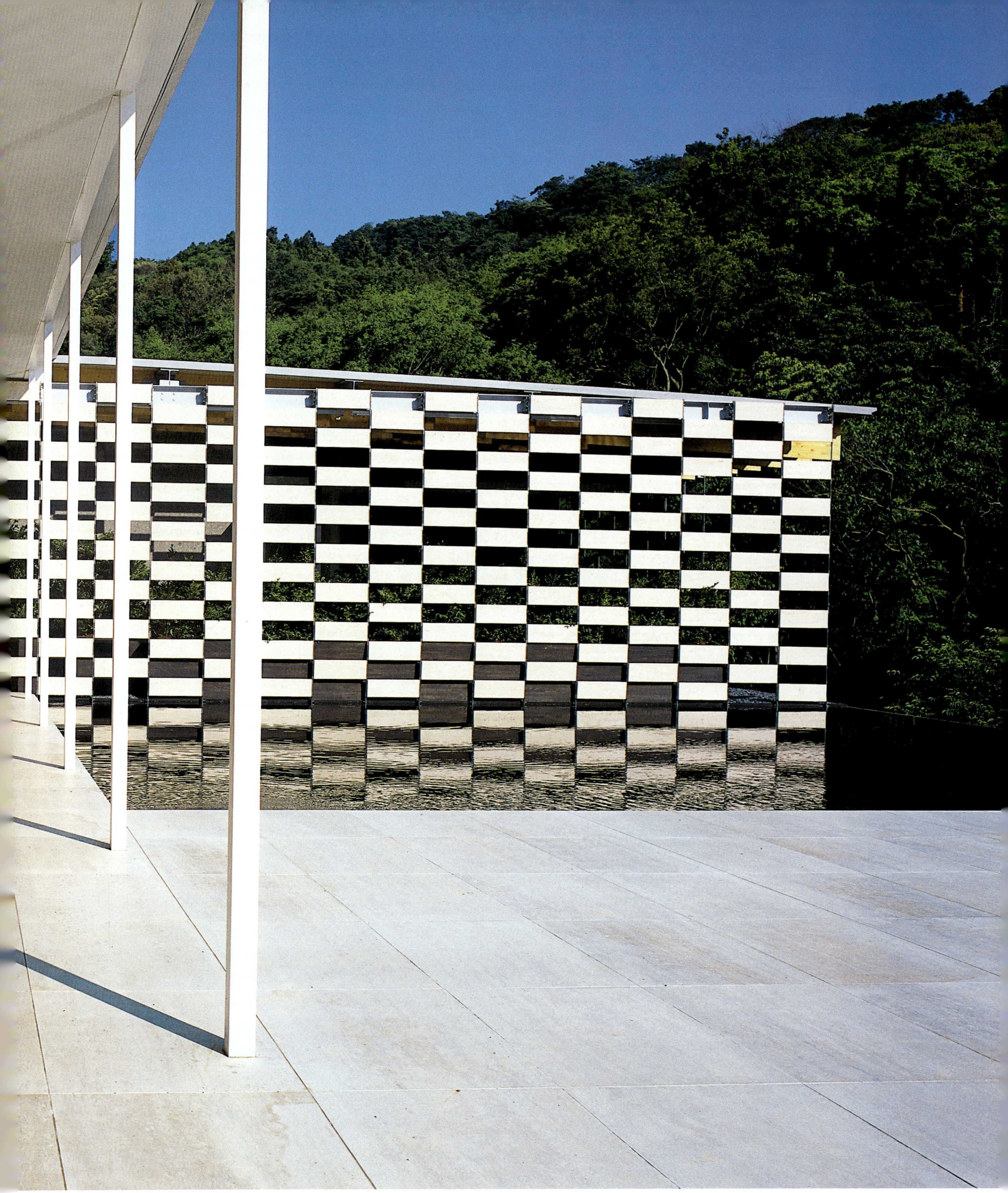

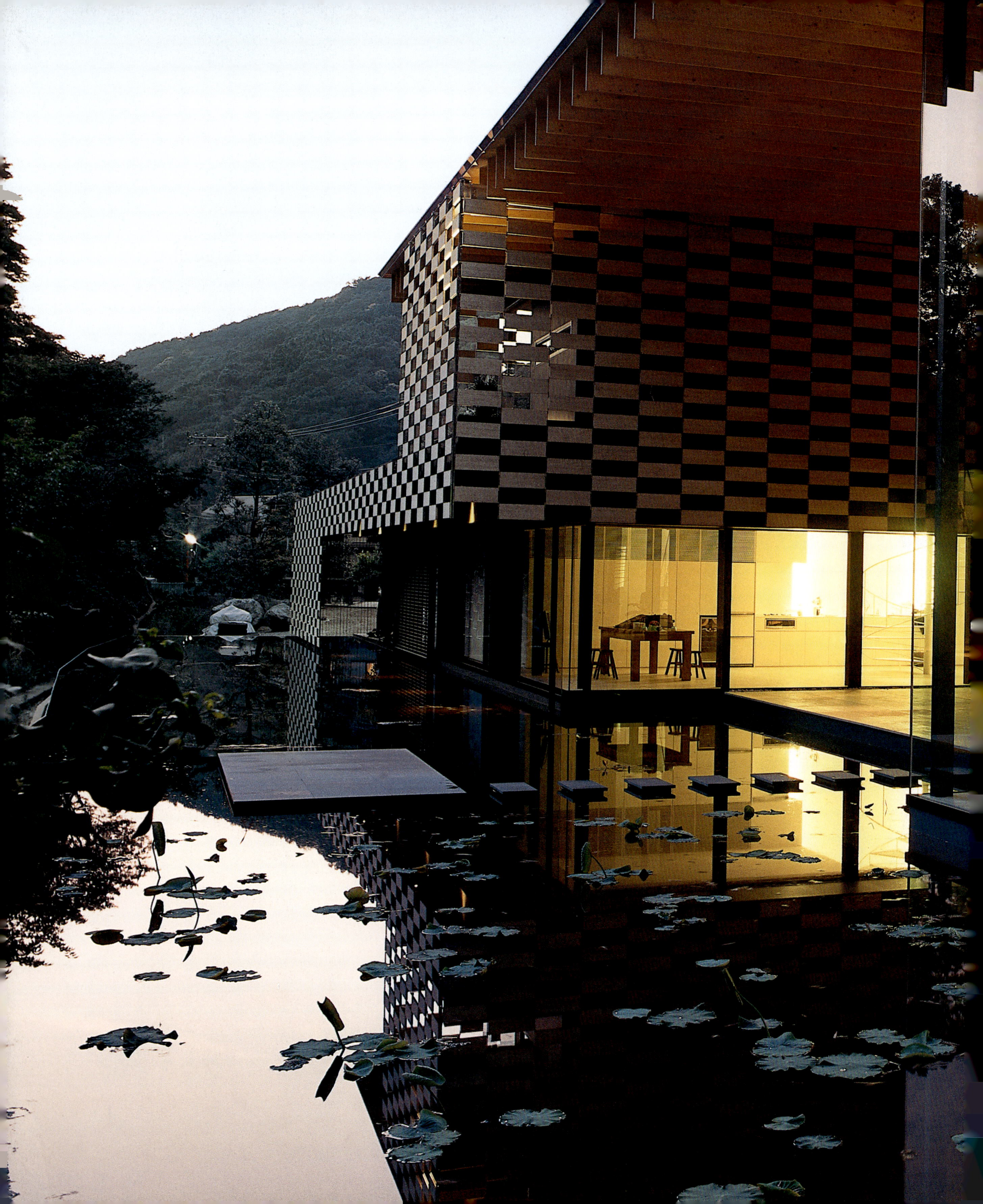

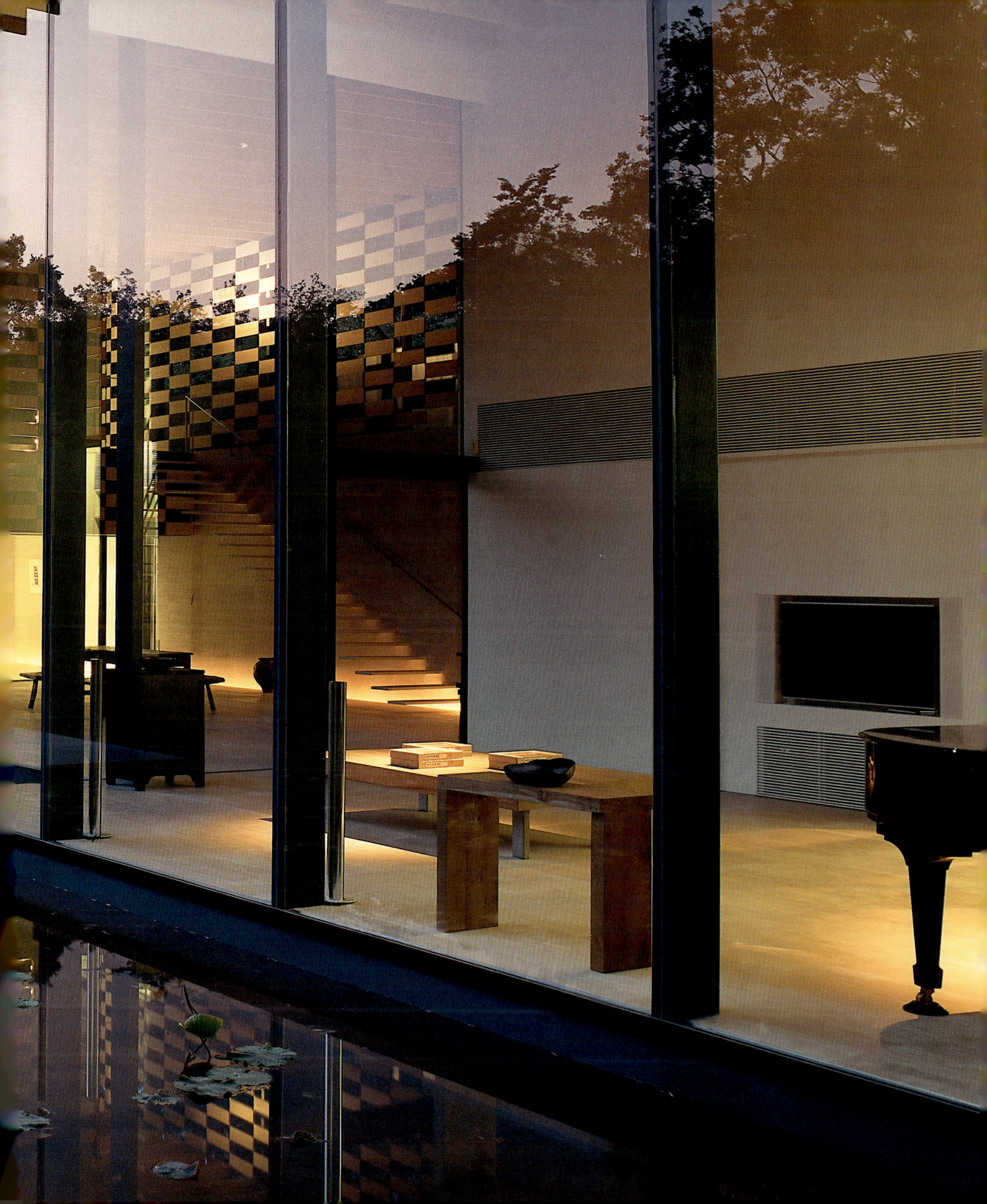

DOBLE PÁGINA ANTERIOR:
Las altas paredes de cristal y el estanque cubierto de lotos actúan como superficies reflectantes con la luz de la tarde.

DERECHA:
Una escalera voladiza de poco grosor conduce al salón del piso de abajo, un espacio abierto con suelos de mármol. La mesa y las sillas son de Bali. Al otro lado de las puertas acristaladas se encuentran la cocina y el comedor.

DOPPIA PAGINA PRECEDENTE:
Le alte pareti vetrate e lo stagno con i loti fungono da specchi nella luce pomeridiana.

A DESTRA:
I sottili gradini a sbalzo scendono nella zona giorno aperta e pavimentata in marmo. Il tavolo e le sedia provengono da Bali. Oltre le porte di vetro ci sono la cucina e la zona pranzo.

PÁGINA DUPLA ANTERIOR:
As paredes de vidro altas e o lago de lótus funcionam como espelhos reflectores com a luz da tarde.

À DIREITA:
Os degraus estreitos em balanço descem até à zona aberta da sala de estar, onde o pavimento é de mármore. A mesa e as cadeiras vieram de Bali. Atrás das portas de vidro ficam a cozinha e a sala de jantar.

LOTUS HOUSE / KAMAKURA

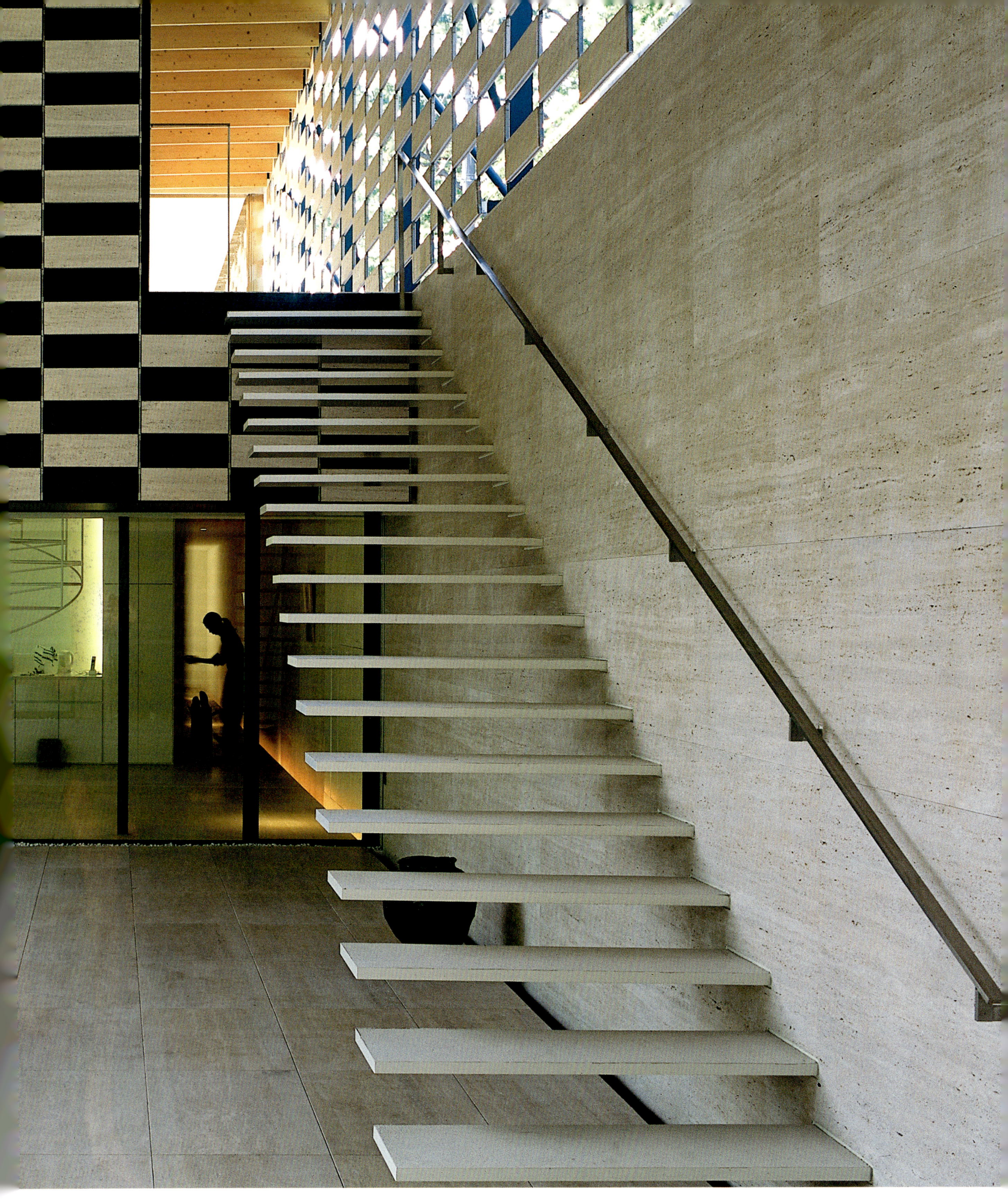

IZQUIERDA, ARRIBA:
La luz de la tarde baña la mesa del estudio y la sala de música.

IZQUIERDA, ABAJO:
Una vasija de cerámica negra realza el blanco de la pared y de la escalera voladiza.

DERECHA:
En el segundo piso hay un baño interior y otro exterior (rotenburo), delimitados por una mampara de travertino, con vistas a la ladera.

A SINISTRA, IN ALTO:
La luce del pomeriggio scorre sul tavolo della sala musica e studio.

A SINISTRA, IN BASSO:
Un vaso di ceramica nero accentua il bianco della parete e dei gradini a sbalzo.

A DESTRA:
Al secondo piano ci sono due bagni, di cui uno all'esterno (rotenburo), affiancato da uno schermo di travertino, che affaccia sul fianco della collina.

À ESQUERDA, EM CIMA:
A luz da tarde projecta-se por cima da mesa, para dentro do escritório e sala de música.

À ESQUERDA, EM BAIXO:
Uma jarra de cerâmica negra acentua a brancura da parede e dos degraus em balanço.

À DIREITA:
No segundo piso, existe uma banheira interior e uma exterior (rotenburo), cotejada por um painel de travertino, com vista para a encosta.

LOTUS HOUSE / KAMAKURA

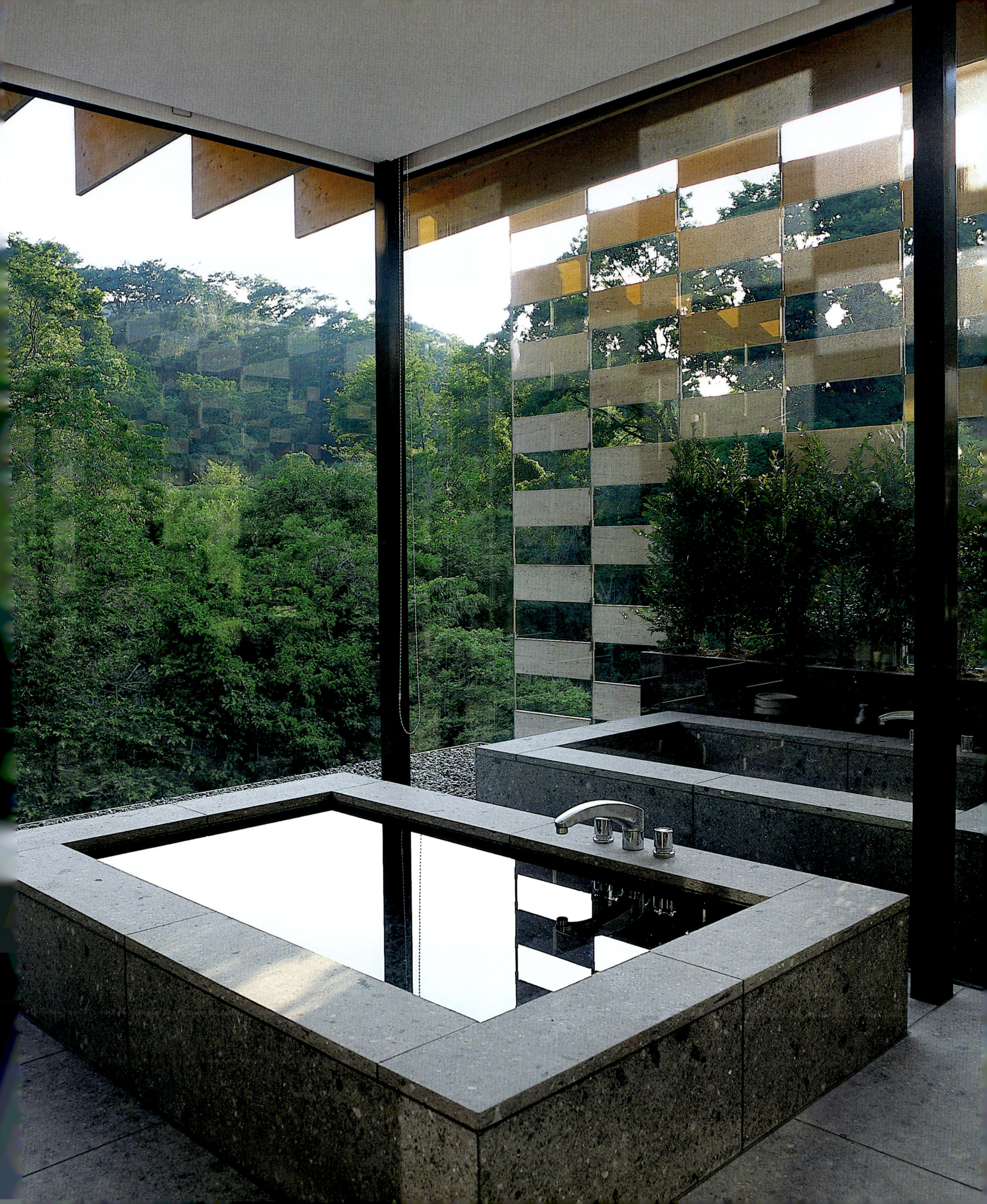

Bamboo House

RIEKO KAWABE
KAMAKURA

El bambú representa como ningún otro material la esencia de Asia. Las arboledas de bambú salpican los bosques a lo largo de toda la costa del Pacífico. El bambú, con sus esbeltas cañas y sus hojas que parecen plumas, aparece en cuadros pintados a tinta, mamparas y rollos colgantes. Esta planta crece recta hasta alcanzar una gran altura gracias a un tallo sumamente resistente gracias a su estructura tubular con nudos a intervalos regulares. Por su ligereza y la riqueza de texturas de su superficie, el bambú se destina a múltiples usos, como la cobertura de suelos, techos y ventanas y la fabricación de sillas, mesas, bandejas, cucharones y estores. El bambú rara vez se emplea en Japón como revestimiento de paredes, ya que no aísla contra el frío. Sin embargo, las técnicas de construcción actuales permiten darle nuevas aplicaciones. En la casa de Rieko Kawabe, en Kamakura, destaca el uso de numerosas variedades de bambú en paredes (así como en suelos, ventanas y muebles). Los entramados hechos de cañas de bambú permiten el paso de la luz y el aire, confiriendo un aire moderno a un espacio destinado a la ceremonia del té, situado en medio de un antiguo matorral asiático.

A la izquierda de la entrada se elevan espectaculares mamparas de bambú de dos pisos de altura.

Alla sinistra dell'entrata, i paraventi di bambù si elevano spettacolarmente lungo due livelli.

À esquerda da entrada, os painéis de bambu atingem a impressionante altura de dois andares.

Il bambù ricorda l'Asia come nessun altro materiale: costella i boschi lungo le sponde del Pacifico, dall'Indonesia, passando per la Thailandia e il Vietnam, fino alla Cina e infine al Giappone. Le sue canne eleganti e le foglie simili a piume affollano pitture a inchiostro, paraventi e rotoli dipinti. Il bambù ha un fusto eretto e alto, ed è molto resistente grazie alla struttura tubolare con nodi a intervalli regolari. È leggero e la sua superficie può presentare caratteristiche assai diverse, prestandosi quindi a un'infinità di applicazioni: pavimenti, soffitti, finestre, tavoli e sedie, vassoi, mestoli e serramenti pensili. In Giappone, a causa del freddo invernale, il bambù è utilizzato raramente per le pareti, perché è difficile adattarlo per proteggersi dalle intemperie. Tuttavia le moderne tecniche costruttive offrono nuove possibilità: nella casa di Rieko Kawabe a Kamakura, sono state utilizzate diverse varietà di bambù per pareti e pavimenti, finestre e mobili. La luce e l'aria filtrano attraverso la trama di canne; un ambiente moderno per la cerimonia del tè, ubicato in un antico bosco dell'Asia.

Bambu traduz, como nenhum outro material, o espírito asiático. Pequenos bosques de bambu crescem nas florestas da orla do Pacífico, desde a Indonésia até ao Japão, passando pela Tailândia, Vietname e China. As canas graciosas e as folhas semelhantes a penas do bambu surgem em pinturas a tinta-da-china, biombos e rolos. O bambu cresce direito e atinge considerável altura, gozando de boa resistência por causa da estrutura tubular com junções em intervalos regulares. Leve e rico em textura de superfície, pode ser utilizado para inúmeras finalidades: pavimentos, tectos, janelas, cadeiras e mesas, tabuleiros, conchas e persianas. No Japão, devido aos Invernos rigorosos, quase ninguém usava bambu para as paredes, porque é difícil de isolar da acção dos elementos. Porém, as técnicas de construção modernas permitem novas abordagens. A casa de Rieko Kawabe em Kamakura utiliza bambu de muitas variedades para as paredes (bem como para os pavimentos, janelas e mobiliário). A luz e o ar passam pelos molhos de canas de bambu, proporcionando um ambiente moderno para a cerimónia do chá no coração de um secular bosque asiático.

IZQUIERDA, ARRIBA:
Un panel elaborado con estrechas cañas de bambú sirve de mampara para dar intimidad al espacio.

IZQUIERDA, ABAJO:
Hojas de arce rojas y plantas de otoño frente a la valla hecha con cañas de bambú dispuestas en posición horizontal.

DERECHA:
Los materiales orgánicos generan una austera geometría, enmarcando la vista del mar. La barrera de bambú (kekkai) es un símbolo tradicional empleado para bloquear el paso a un espacio privado.

DOBLE PÁGINA SIGUIENTE, IZQUIERDA:
Detalle de inscripciones caligráficas en antiguas cañas de bambú colgadas sobre la chimenea.

DOBLE PÁGINA SIGUIENTE, DERECHA:
Las tiras de bambú se intercalan con las texturas de la superficie de la chimenea de hormigón, la alfombra de tejido rugoso y una antigua vasija de cerámica.

A SINISTRA, IN ALTO:
Un pannello di sottili canne di bambù assicura la privacy.

A SINISTRA, IN BASSO:
Foglie rosse di acero ed erbe autunnali davanti alla recinzione con canne di bambù disposte orizzontalmente.

A DESTRA:
I materiali organici creano una geometria rigorosa e incorniciano la vista dell'oceano. La barriera di bambù (kekkai) è un simbolo tradizionale che avvisa di «non procedere oltre».

DOPPIA PAGINA SEGUENTE, A SINISTRA:
Particolare delle iscrizioni calligrafiche su antiche canne di bambù appese come opera artistica sul camino.

DOPPIA PAGINA SEGUENTE, A DESTRA:
I listelli di bambù si alternano alla superficie ruvida del camino di cemento, al grezzo tappeto e all'antico vaso di ceramica.

À ESQUERDA, EM CIMA:
O painel de canas de bambu finas proporciona privacidade.

À ESQUERDA, EM BAIXO:
Folhas de ácer vermelhas e plantas de Outono em frente da vedação de bambu montado na horizontal.

À DIREITA:
Os materiais orgânicos criam uma geometria rigorosa que emoldura a vista de mar. A barreira de bambu (kekkai) é um símbolo tradicional que significa «não avançar mais».

PÁGINA DUPLA SEGUINTE, À ESQUERDA:
Pormenor das inscrições caligráficas em canas de bambu antigas expostas como obra de arte sobre a lareira.

PÁGINA DUPLA SEGUINTE, À DIREITA:
As ripas de bambu alternam com a superfície texturada da lareira de betão, o tapete grosseiro e o jarro de cerâmica antigo.

BAMBOO HOUSE / KAMAKURA

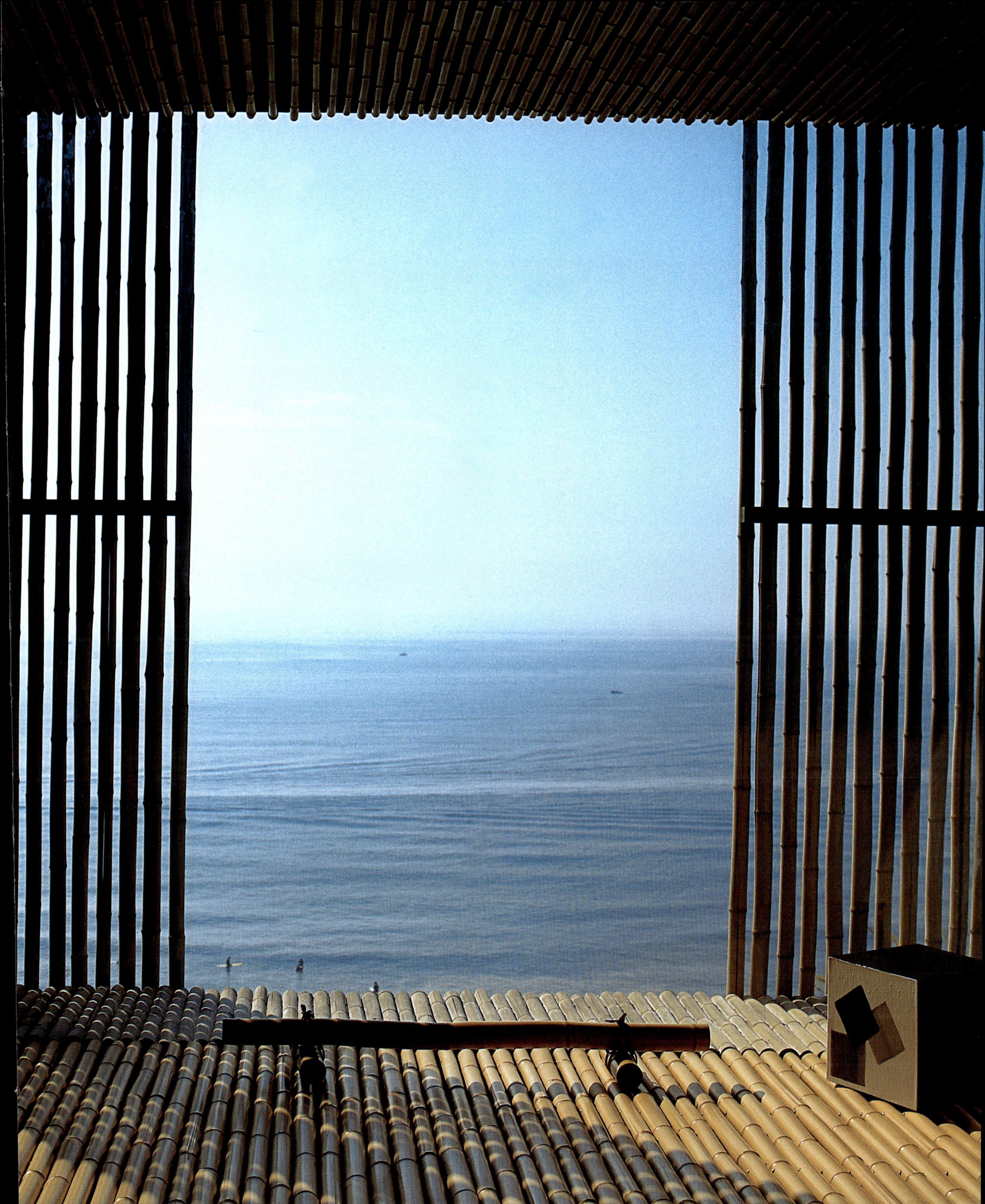

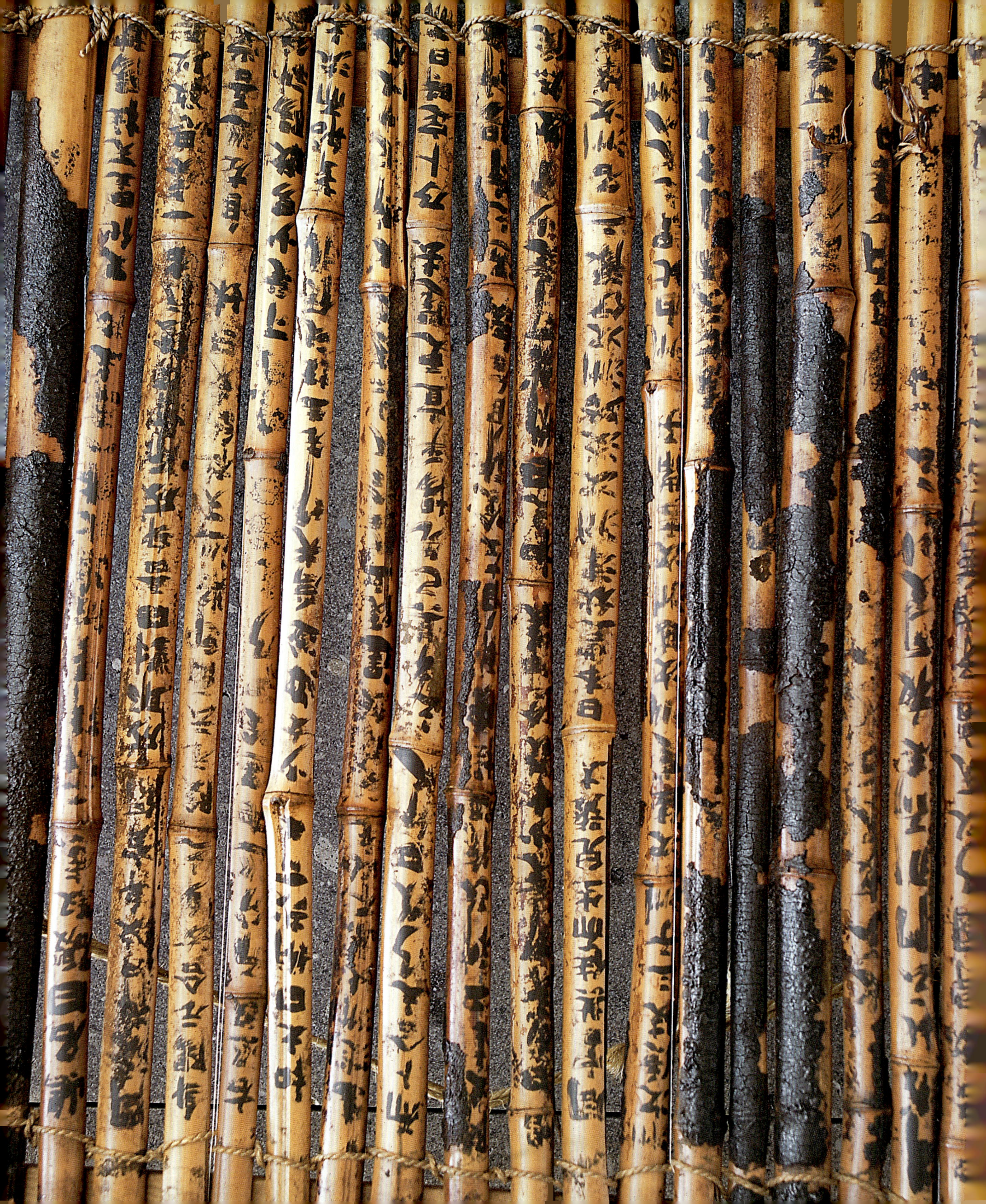

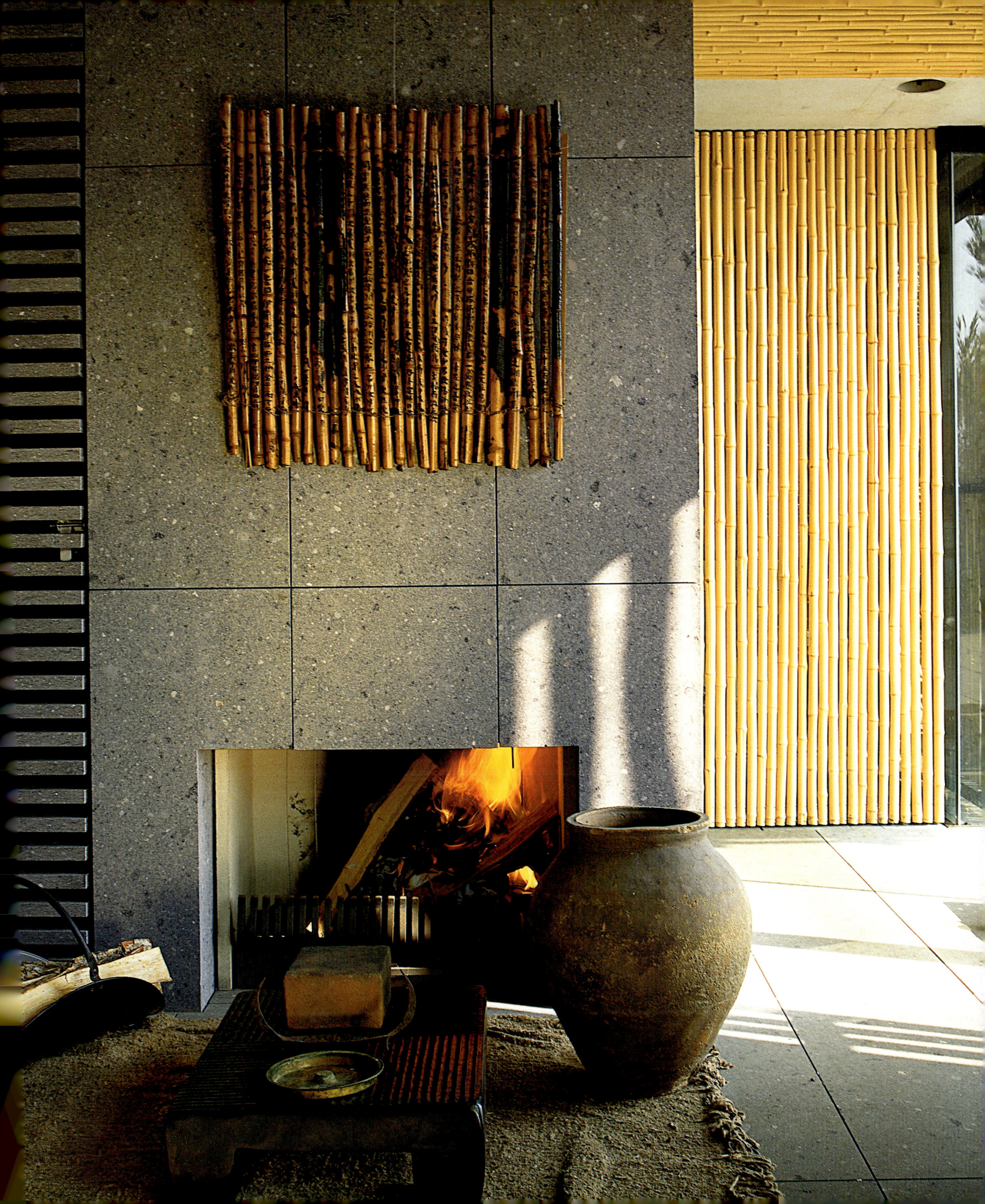

IZQUIERDA, ARRIBA:
El hormigón de las paredes y escaleras se ve suavizado con la presencia de paneles de bambú.

IZQUIERDA, ABAJO:
Caño y sumidero de bambú en el aseo.

DERECHA:
Un escritorio, una silla de bambú y un dibujo a tinta en la pared, junto a tres cañas de bambú colocadas en vertical y las sombras horizontales del bambú en el suelo.

A SINISTRA, IN ALTO:
La crudezza delle pareti e dei gradini in cemento è attenuata dai pannelli di bambù.

A SINISTRA, IN BASSO:
Cannella e scolo di bambù nel bagno.

A DESTRA:
Una scrivania, una sedia di bambù e un dipinto a inchiostro sulla parete, con tre canne di bambù in verticale e ombre orizzontali di bambù sul pavimento.

À ESQUERDA, EM CIMA:
A adição de painéis de bambu suaviza o rigor dos degraus e as paredes de betão.

À ESQUERDA, EM BAIXO:
Ralo e rebento de bambu no lavatório.

À DIREITA:
Uma secretária, uma cadeira de bambu e um desenho a tinta-da-china pendurada na parede, com três canas de bambu verticais e respectivas sombras horizontais no pavimento.

BAMBOO HOUSE / KAMAKURA

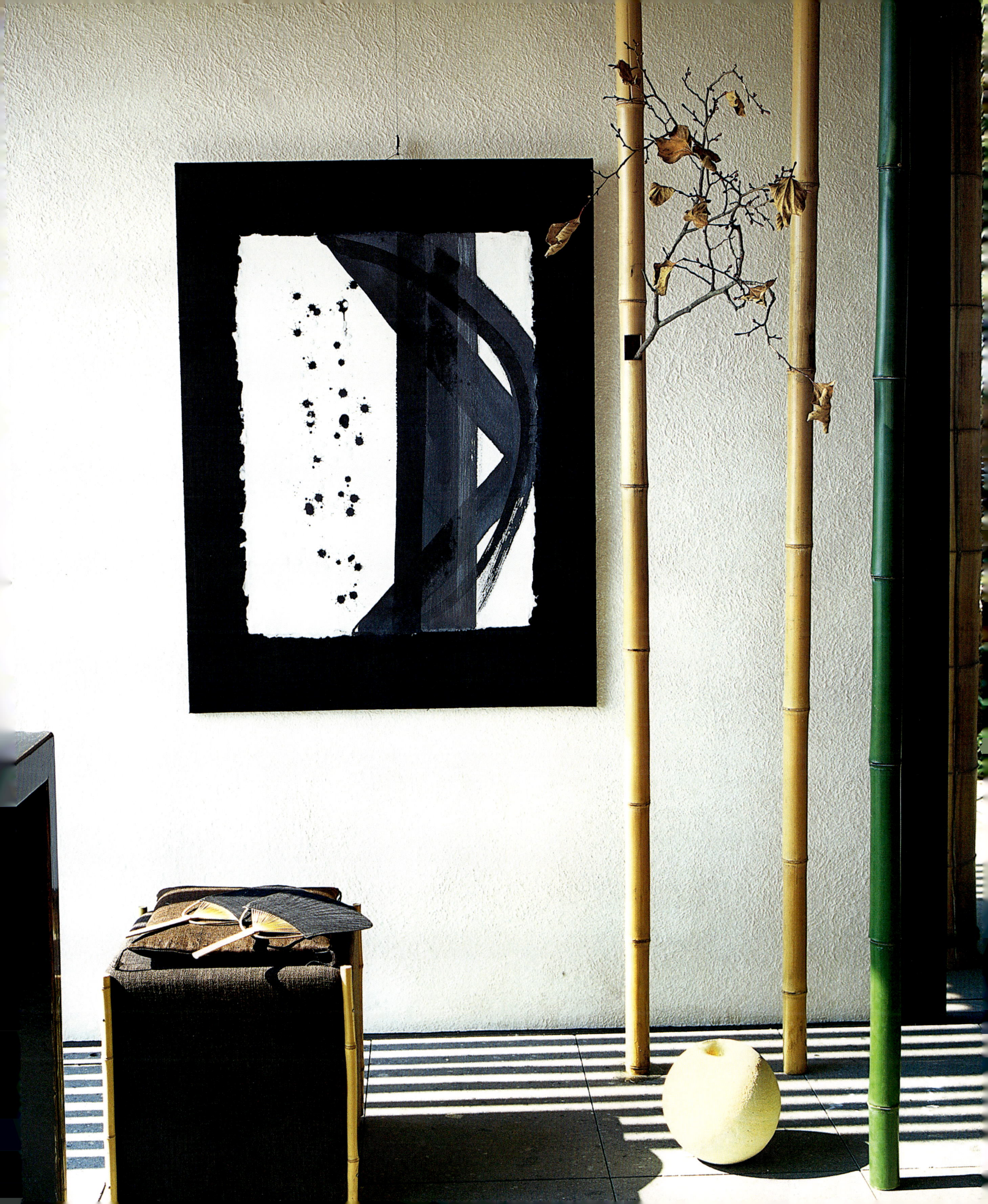

プライス
コンタクト
螢の庭
会話&留学イーオン 6F
英会話イーオン 6F
渋谷駅前
Shibuya Sta.
SHIBUYA
109
キングダム・オブ・ヘブン
KINGDOM OF HEAVEN
ツツミプロジェクト
03-3369-8151
歯科
6F
Matsumoto Kiyoshi
薬
渋谷駅前ビル

渋谷駅前
Shibuya Sta.
SONY
SUPER LISA SHIBUYA
AKAMI
SONY
Taisei neon
クスリのことなら三千里
西村
HM
the music
FIRE
STARBUCKS CO
大盛
書店

Plastic House

BY KENGO KUMA FOR ROWLAND KIRISHIMA
TOKYO

El hormigón fue el primer amor de los arquitectos japoneses en los años sesenta. Sin embargo, a comienzos del siglo XXI cayeron rendidos ante los encantos de un nuevo amante: el plástico, un material ligero, fino, translúcido y maleable, idóneo para trabajar con espacios muy reducidos, necesidad que se impone actualmente en lugares como Tokio. La denominada Plastic House (casa de plástico) de Kengo Kuma es un experimento en el uso del polímero reforzado con fibra de vidrio (FRP). Esta casa, construida en 2002 por encargo del fotógrafo Rowland Kirishima, ocupa un estrecho solar rectangular y consta de dos plantas destinadas a Rowland y su mujer, y un piso en el sótano para su madre. El FRP, presente en paredes, puertas y escaleras, permite que la luz se filtre y se reparta por toda la casa durante el día, cumpliendo casi la misma función que las tradicionales *shoji* (puertas de papel) de antaño. En la parte trasera hay una terraza de lamas que sirve como plataforma para la ceremonia del té, así como de tragaluz para el piso inferior de la madre. En la terraza encajonada que se proyecta desde la parte delantera de la casa queda enmarcada una vista del monte Fuji.

Los paneles de poliuretano translúcidos permiten el paso de la luz del sol durante el día y crean un efecto similar al de un farol por la noche, perfilando la silueta del coche aparcado a la entrada.

I pannelli traslucidi di poliuretano lasciano filtrare la luce del giorno e creano una sorta di effetto lanterna di notte, marcando il profilo della macchina nella zona d'accesso.

Os painéis de poliuretano translúcidos permitem filtrar a luz do sol durante o dia e criar um efeito «lanterna» à noite, desenhando a silhueta do carro estacionado à porta.

Negli anni Sessanta, gli architetti moderni giapponesi amavano follemente il calcestruzzo, ma agli inizi del XXI secolo sono caduti tra le braccia di una nuova amante: la plastica, l'opposto esatto del calcestruzzo, leggera, sottile, traslucida e malleabile; ideale per essere usata in spazi ridottissimi. E attualmente a Tokyo perfino i ceti più agiati sono costretti a costruire le loro residenze in spazi ristretti. Questa casa di plastica di Kengo Kuma è un esperimento sull'uso degli FRP (polimeri fibrorinforzati). Costruita nel 2002 per il fotografo Rowland Kirishima, la casa, costretta in un angusto lotto rettangolare, è composta da due livelli per Rowland e sua moglie, con un appartamento seminterrato che ospita la madre di lui. Pareti, porte e scale sono tutte in FRP, e permettono alla luce del giorno di entrare e attraversare la casa come fossero *shoji*, le porte in carta di riso delle case tradizionali. Sul retro, una piattaforma traslucida viene utilizzata per le cerimonie del tè e anche come lucernario per l'appartamento sottostante della madre. La terrazza chiusa che aggetta sul fronte della casa fa da cornice a una veduta del Monte Fuji.

O primeiro amor dos modernos arquitectos nipónicos foi o betão na década de 1960. Porém, no início do século XXI, deixaram-se seduzir por um novo material: o plástico. Radicalmente oposto ao betão, o plástico é leve, de parede fina, transparente e maleável, o que o torna ideal para trabalhar com espaços muito pequenos. É que, actualmente, mesmo os ricos têm de construir as suas casas em Tóquio em espaços muito pequenos. A Plastic House de Kengo Kuma é uma experiência na utilização de polímero reforçado com fibra de vidro (FRP). Construída para o fotógrafo Rowland Kirishima em 2002, esta casa, encaixada num lote rectangular estreito, é constituída por dois pisos para Rowland e a sua mulher, além de um apartamento na cave para a mãe do fotógrafo. O FRP é utilizado nas paredes, portas e escadas, permitindo a entrada de luz na casa durante o dia, como as *shoji* (portas de papel) faziam antigamente. Nas traseiras, existe um *deck* protegido por lamelas que serve de plataforma para a cerimónia do chá e também como clarabóia para o apartamento da mãe, no piso de baixo. O terraço fechado que se projecta da parte da frente da casa permite desfrutar de uma vista para o Monte Fuji.

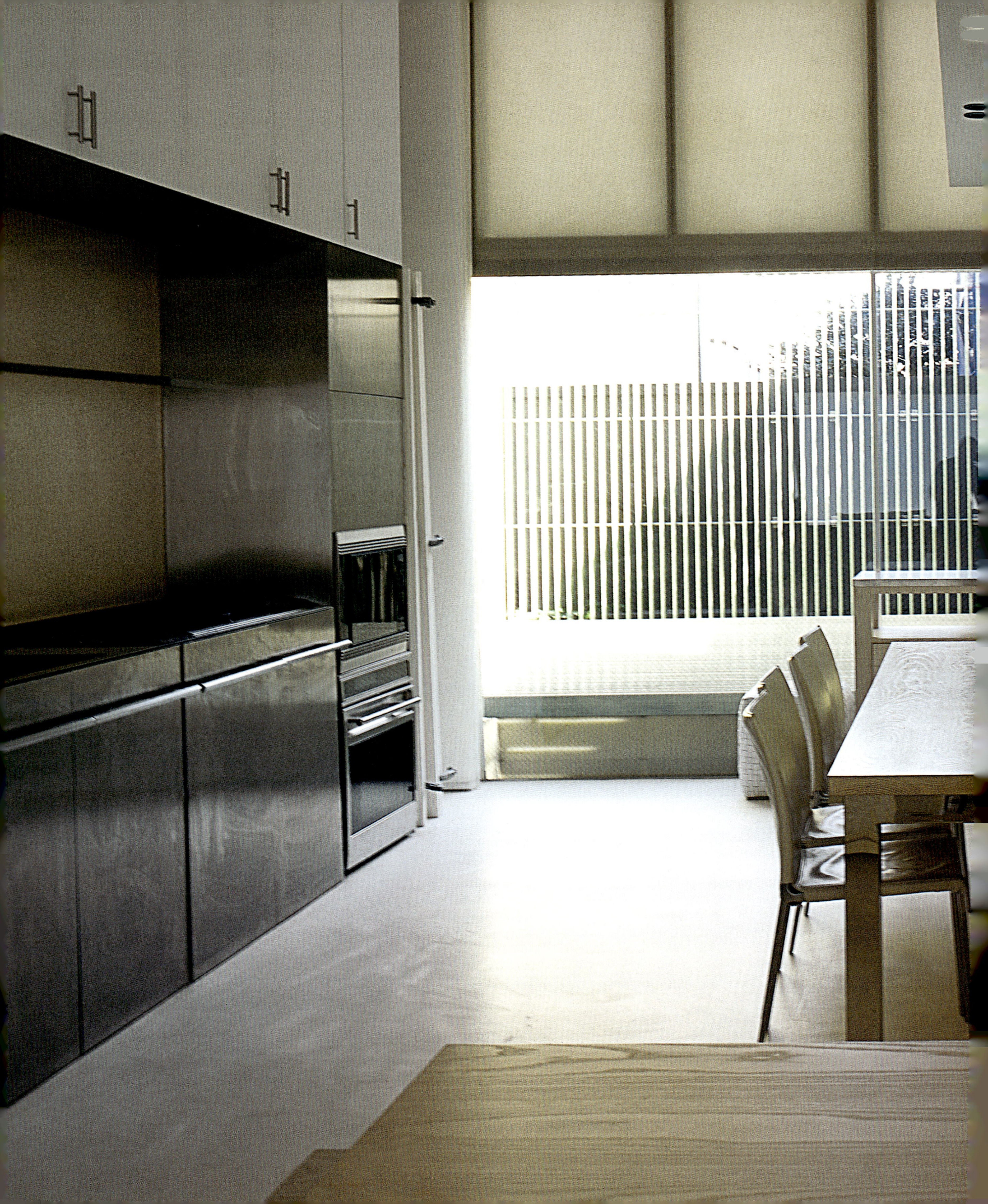

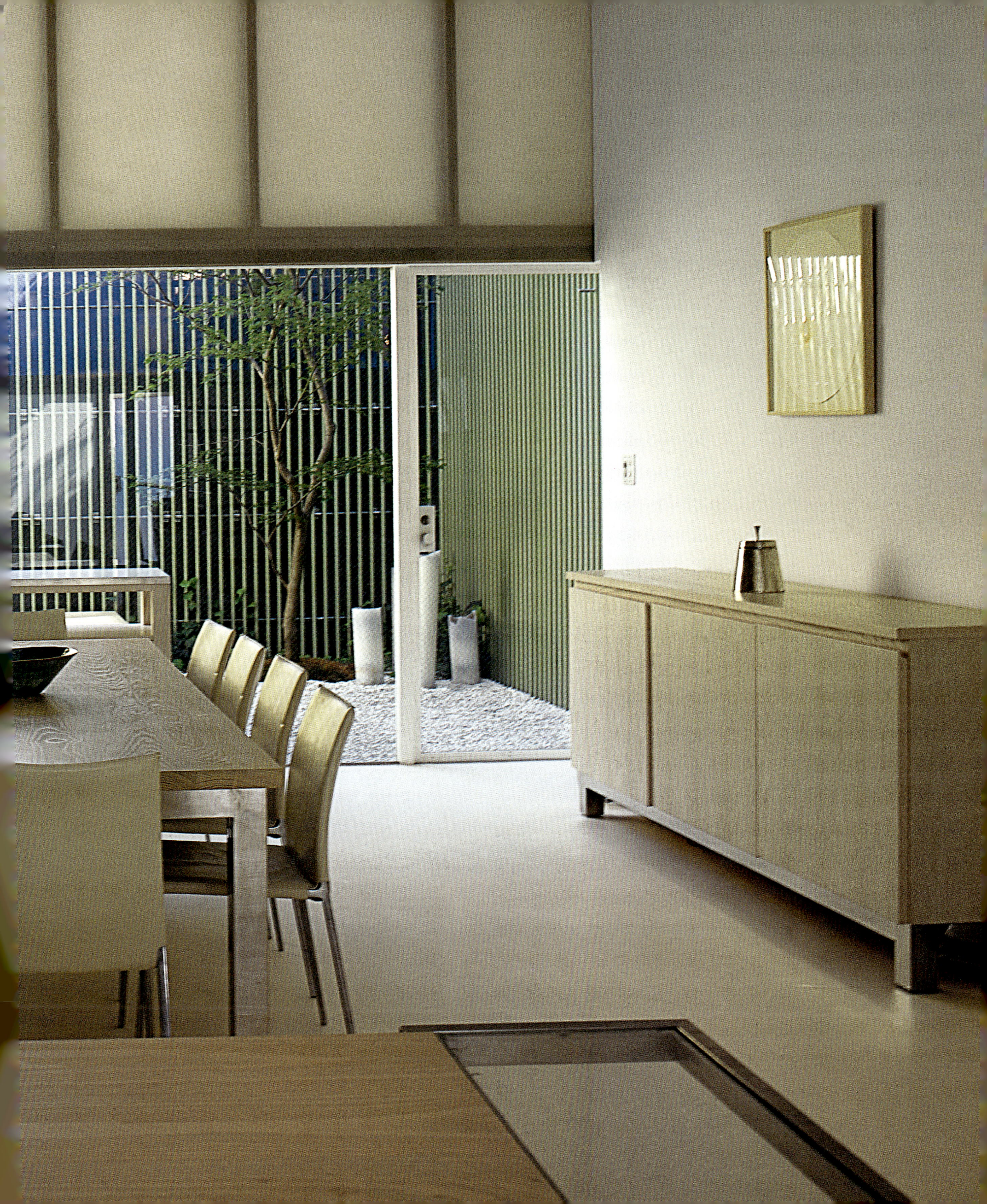

174

DOBLE PÁGINA ANTERIOR:
La cocina y el comedor de la planta baja, con una pared de cristal y un techo alto.

IZQUIERDA, ARRIBA:
En la sala de estar de la planta baja, abierta a la cocina y el comedor, destacan los numerosos espacios de almacenaje.

IZQUIERDA, ABAJO:
La terraza de lamas elevada del jardín trasero permite el paso de la luz natural al piso situado en el sótano, además de servir como plataforma para la ceremonia del té.

DERECHA, ARRIBA:
Árbol situado a un lado de la plataforma para la ceremonia del té. La mampara de tiras de plástico verticales situada al fondo aísla el espacio de los vecinos.

DERECHA, ABAJO:
La curva elíptica de la bañera constituye un contrapunto escultórico a la austera geometría de la casa.

DOPPIA PAGINA PRECEDENTE:
La cucina e la zona pranzo al piano terreno, con una parete vetrata e un alto soffitto.

A SINISTRA, IN ALTO:
La zona giorno al piano terreno, che apre sulla cucina e sulla zona pranzo, offre abbondante spazio per armadi e credenze.

A SINISTRA, IN BASSO:
La piattaforma a lucernario nel giardino sul retro assicura l'illuminazione naturale dell'appartamento sottostante e viene utilizzata anche per le cerimonie del tè.

A DESTRA, IN ALTO:
Un albero di fianco allo scenario delle cerimonie del tè. Lo schermo di elementi verticali in plastica nella parte posteriore garantisce la privacy.

A DESTRA, IN BASSO:
La curva ellittica della vasca fa da contrappunto scultoreo alla rigida geometria della casa.

PÁGINA DUPLA ANTERIOR:
A cozinha e a zona de refeições no rés-do-chão, com uma parede de vidro e um generoso pé-direito.

À ESQUERDA, EM CIMA:
A zona de estar do rés-do-chão, aberta à cozinha e à zona de refeições, tem um abundante espaço de arrumação em armários.

À ESQUERDA, EM BAIXO:
No jardim de trás, as lamelas do deck sobrelevado injectam luz natural no apartamento da cave imediatamente abaixo. O deck também serve de palco às cerimónias do chá.

À DIREITA, EM CIMA:
Árvore ao lado do palco da cerimónia do chá. O biombo de tiras de plástico verticais proporciona privacidade.

À DIREITA, EM BAIXO:
A curva elíptica da banheira constitui um contraponto escultural à rigidez geométrica da casa.

PLASTIC HOUSE / TOKYO

Nakamura House

YOSHIFUMI NAKAMURA
TOKYO

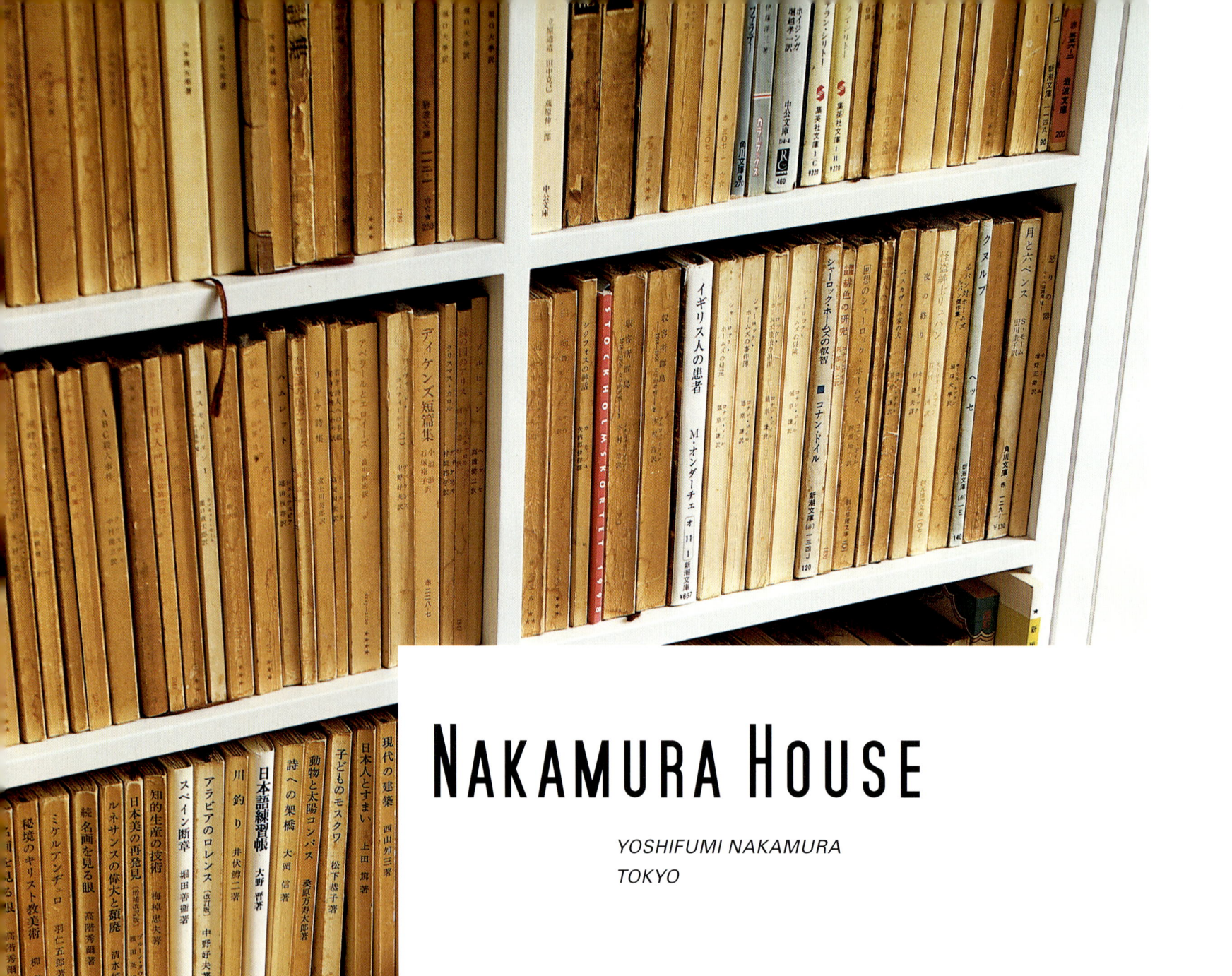

Cuando Yoshifumi Nakamura adquirió su nueva residencia se encontró ante un armazón vacío. Se trataba de una estructura de 7 x 7 metros de superficie rodeada de paredes de 6 metros de altura, un esqueleto donde el arquitecto tenía libertad absoluta para crear su propio espacio. Como una excepción a la norma dominante hoy en día, Nakamura tenía como objetivo primordial la «comodidad» para su futura residencia. Para conseguirlo diseñó una vivienda de dos plantas adornada con las tenues tonalidades de la madera y concebida fundamentalmente como un rincón íntimo. La casa de Nakamura, finalizada en 2003, no pertenece a ningún estilo identificable. Su atractivo reside en los detalles. Nakamura, que además de arquitecto es diseñador de muebles, se valió de las texturas de multitud de maderas distintas (con suelos de pino y castaño, techos de paulownia, rejas de nogal y encimeras de teca) para evocar un entorno acogedor y «palpable». Nakamura ha creado en Tokio una versión del antiguo retiro intelectual típico de China y Japón: un lugar sencillo y equipado con objetos sobrios pero de calidad que invite a pensar, leer o echarse una siesta.

Una silla de madera a los pies de la escalera de madera que conduce a la biblioteca.

Ai piedi della scala di legno che conduce alla biblioteca, una sedia di legno.

Uma cadeira de madeira aos pés da escada de madeira que dá acesso à biblioteca.

Quando Yoshifumi Nakamura ha acquistato la sua nuova residenza, si è trovato davanti a una conchiglia vuota: un ambiente di 7 metri per 7, racchiuso da mura di 6 metri d'altezza, uno 'scheletro da riempire'. All'architetto il compito di creare il suo spazio. Il requisito esigenziale di Nakamura, figura di eccezione dell'architettura contemporanea, era il 'comfort' per sua moglie e per sé. A tale scopo, ha concepito una residenza di due livelli con i colori morbidi del legno e diversi recessi per rilassarsi, leggere un libro o sdraiarsi e dormire un po'. La casa di Nakamura, completata nel 2003, non è ascrivibile a uno stile ben definito. Il suo fascino sta nei dettagli. Nakamura, che è anche arredatore, ha utilizzato molti tipi di legno: castagno e pino per i pavimenti, paulownia per le soffittature, noce per le ringhiere e teak per i banchi, creando un ambiente caldo e gradevole al tatto. Nakamura ha creato una versione di Tokyo degli antichi rifugi per eruditi della Cina e del Giappone: oscuro, arredato con elementi di qualità intrinseca ma sobria, un luogo per pensare, leggere, parlare con gli ospiti e, naturalmente, per schiacciare un pisolino.

Quando Yoshifumi Nakamura adquiriu esta residência nova, deparou-se com uma concha vazia. Com uma área de 7 x 7 metros, circundada por paredes com 6 metros de altura, era uma simples estrutura entre dois edifícios e cabia ao arquitecto criar o seu próprio espaço. Excepcional entre os arquitectos contemporâneos, o objectivo de Nakamura para si e para a sua mulher era «conforto». Para isso, concebeu uma residência de dois pisos com as cores suaves da madeira e abundantes nichos para descontrair, ler um livro ou dormir uma soneca. Concluída em 2003, não é possível enquadrar a casa de Nakamura em nenhum estilo concreto. O seu poder de sedução joga-se nos detalhes. Nakamura, também ele um designer de mobiliário, usou as texturas de muitas madeiras — pavimentos de castanheiro e pinho, tectos de paulónia, corrimões de nogueira, balcões de teca — para criar um ambiente acolhedor e «táctil». Nakamura criou em Tóquio uma versão do antigo retiro para intelectuais da China e do Japão: baixo perfil, equipado com artigos de alguma qualidade, um local para pensar, ler, falar com os convidados e, claro, dormir uma sesta.

IZQUIERDA, ARRIBA:
El catedrático Nakamura posa sentado en la tarima de la biblioteca que le sirve de mirador, un rincón creado con paneles correderos sobre el hueco de la escalera.

IZQUIERDA, ABAJO:
La bañera oval, los cubos para aclararse, la parte superior de las paredes y la tapa de la bañera han sido trabajados a mano con varios tipos de madera de cedro.

DERECHA, ARRIBA:
En el salón del piso superior destaca un diván de piel negro empotrado y un jarrón coreano de la dinastía Yi, de 250 años de antigüedad, que complementan la moderna sobriedad predominante en la estancia.

DERECHA, ABAJO:
El catedrático Nakamura diseñó todos los armarios, mesas y sillas de la casa, así como la cocina de hierro negra que funciona con leña.

A SINISTRA, IN ALTO:
Il professor Nakamura siede sull'alcova da lettura del suo angolo libreria, creato con pannelli scorrevoli sulla tromba delle scale.

A SINISTRA, IN BASSO:
La vasca ovale, i secchi per risciacquarsi, le pareti superiori e gli elementi per coprire la vasca sono fatti a mano con diversi tipi di cedro.

A DESTRA, IN ALTO:
La zona giorno del livello superiore accoglie un letto da giorno in pelle nera incassato e un vaso coreano della dinastia Yi di 250 anni che si integrano nel modesto ambiente moderno dello spazio.

A DESTRA, IN BASSO:
Il professor Nakamura ha disegnato tutti gli armadietti, i tavoli, le sedie e anche la stufa a legna nera di ferro.

À ESQUERDA, EM CIMA:
O Professor Nakamura sentado na alcova de consulta existente no recanto da biblioteca criado através da deslocação de painéis por cima da escada.

À ESQUERDA, EM BAIXO:
A banheira oval, os baldes de lavagem, a parte superior das paredes e a tampa da banheira segmentada foram todas feitas à mão a partir de diferentes variedades de cedro.

À DIREITA, EM CIMA:
Uma chaise-longue de pele preta ocupa um recanto da zona de estar no piso superior e um vaso coreano com 250 anos (dinastia Yi) complementa as linhas modernas e simples da sala.

À DIREITA, EM BAIXO:
O Professor Nakamura concebeu todos os armários, mesas e cadeiras, bem como o fogão de sala preto.

NAKAMURA HOUSE / TOKYO

179

Shutter House
FOR A PHOTOGRAPHER

BY SHIGERU BAN, TOKYO

Shigeru Ban diseña casas de formas cambiantes: basta con bajar los postigos para que un espacio abierto a la calle se convierta en un rincón íntimo; y subirlos para convertir una estancia de una planta en un atrio de dos pisos. Ban admira el concepto de Mies van der Rohe de «espacio universal», donde el interior y el exterior fluyen juntos. Cuando su cliente, un fotógrafo, le propuso crear un «diseño del estilo de Van der Rohe», Ban aceptó el reto, si bien por su emplazamiento, en pleno centro de Tokio, la construcción estaba destinada a encerrarse en sí misma. El resultado es la llamada Shutter House (casa de los postigos), la cual se acabó de edificar en 2003. Ban se sirvió de armazones cúbicos de 2 x 4 metros para crear una variedad de espacios, jugando con la longitud, la anchura y la altura de los distintos módulos, orientados todos ellos a jardines internos con árboles de gran altura. Las casas japonesas de antaño podían modificarse por medio de módulos y puertas correderas. Ban ha reinterpretado dicha característica con materiales actuales, incorporando la presencia de los jardines del exterior en el interior de la casa, un concepto que ha dado en llamar «planta universal».

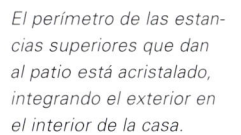

El perímetro de las estancias superiores que dan al patio está acristalado, integrando el exterior en el interior de la casa.

Le superfici vetrate delle camere al piano superiore che affacciano sulla corte mettono in collegamento l'interno e l'esterno.

A fachada dos quartos e salas do piso superior, voltados para o pátio, é revestida a vidro, unindo o interior e o exterior.

Shigeru Ban progetta case che cambiano: abbassando delle serrande in vetro, un ambiente aperto sulla strada diventa uno spazio chiuso; alzandole, una stanza normale si trasforma in un atrio a doppia altezza. Ban è un ammiratore dello 'spazio universale' di Mies van der Rohe, in cui scompare la separazione tra interno ed esterno. Quando il committente, un fotografo, gli ha richiesto un «progetto alla van der Rohe» Ban ha accettato la sfida, anche se questo lotto del centro di Tokyo guarda all'interno, con una casa di tre livelli da una parte e un'ambasciata dall'altra. Il risultato è la 'casa delle serrande', completata nel 2003 e costruita in base a delle strutture cubiche di 2 metri per 4. Utilizzando questi moduli, Ban ha creato una varietà di spazi, lunghi, larghi, alti, che affacciano tutti su cortili interni con alberi elevati. Alzando o abbassando i serramenti si possono modificare gli spazi interni. Le antiche residenze giapponesi presentavano una larghezza modulare tra le colonne ed era possibile modificare gli ambienti mediante pannelli di carta scorrevoli. Ban ha reinterpretato il tutto con materiali moderni, portando all'interno i giardini. Lui stesso lo definisce come un «piano universale».

Shigeru Ban projecta casas que mudam: basta baixar as persianas e o que se encontrava aberto à rua passa a ser um espaço privado; levantando-as, uma sala de um piso transforma-se num átrio de dois pisos. Ban admira o «espaço universal» de Mies van der Rohe, em que o interior e o exterior confluem. Quando este cliente, um fotógrafo, pediu um «projecto como se fosse de van der Rohe», Ban aceitou o desafio, embora o lote de terreno no coração de Tóquio fosse ladeado por uma casa de três pisos e uma embaixada. O resultado é a Shutter House, concluída em 2003 e construída a partir de estruturas cúbicas de dois por quatro metros. Utilizando estes módulos, Ban criou diversos espaços, alguns deles longos, alguns largos, outros altos, todos eles voltados para pátios interiores com árvores altas. Levantar ou baixar as persianas altera os espaços internos. As antigas casas japonesas tinham uma largura modular entre colunas, bem como salas que mudavam com o simples deslizar de portas de papel. Ban reinterpretou este conceito em materiais modernos e com os jardins exteriores trazidos para o interior. A isto dá o nome de «andar universal».

Vista general de la planta principal, con los postigos replegados bajo el techo para dejar ver los módulos cuadriculados de tamaños diversos que componen la casa.

Generosa vista del livello principale, con le serrande ripiegate sotto il soffitto, che mostra i moduli a griglia di differenti dimensioni in cui la casa è divisa.

Vista abrangente do piso principal, com as persianas recolhidas sob o tecto, mostrando os grandes e pequenos módulos de grelha de que a casa é constituída.

© Hiroyuki Hirai

SHUTTER HOUSE FOR A PHOTOGRAPHER / TOKYO

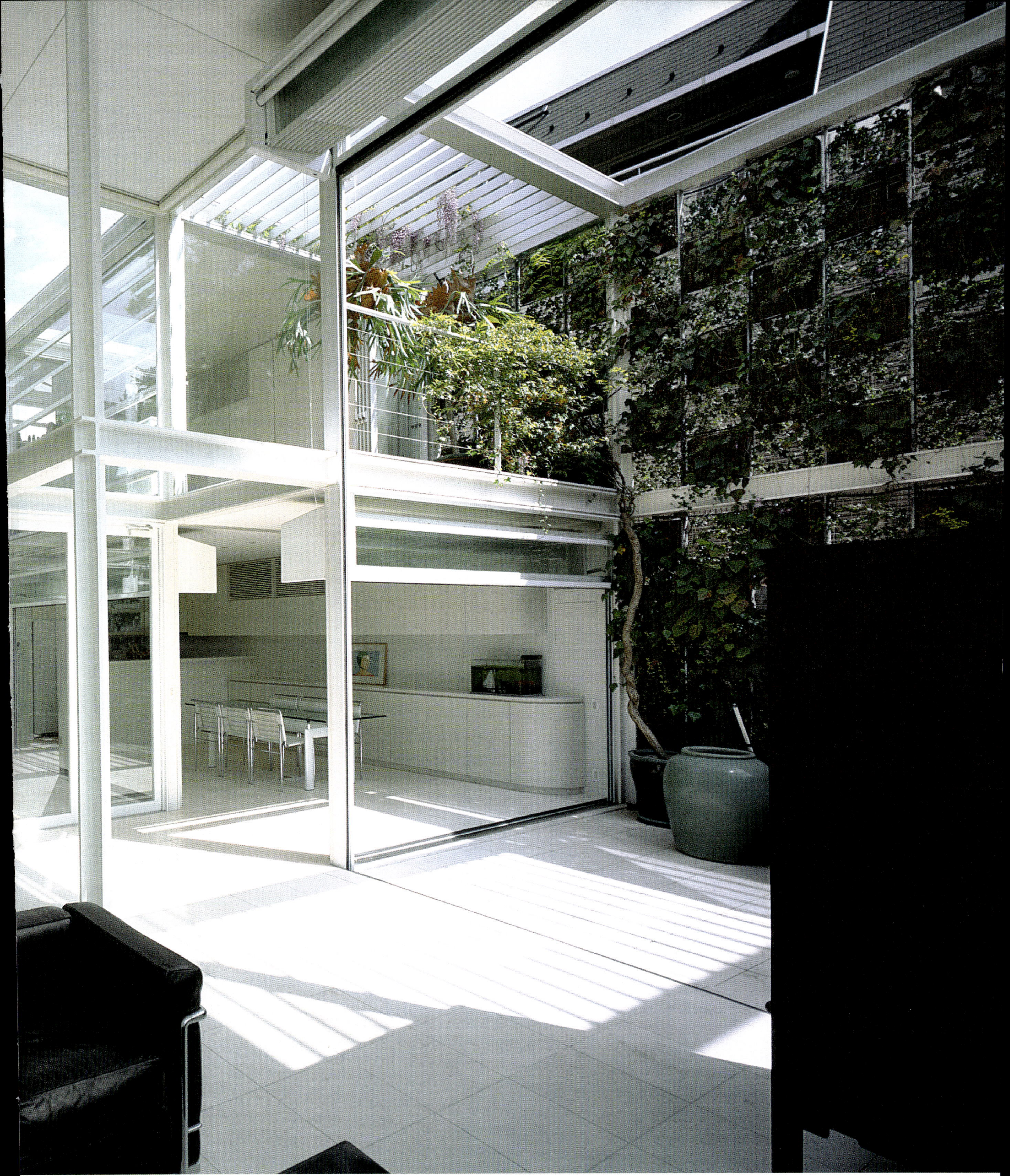

IZQUIERDA, ARRIBA:
La reja curvilínea y la escalera en espiral realzan la vista enmarcada en un rectángulo del patio interior.

IZQUIERDA, ABAJO:
Hojas de vidrio transparente y una vegetación en cascada en un diseño de damero rodean el atrio central.

DERECHA:
Planta principal con los postigos bajados, de forma que se generan nuevos bloques espaciales en lo que antes era un espacio abierto.

A SINISTRA, IN ALTO:
La ringhiera curvilinea e la scala a chiocciola accentuano la conformazione rettangolare del cortile interno.

A SINISTRA, IN BASSO:
Le lastre di vetro trasparente e la vegetazione a cascata formano uno schema a scacchiera intorno all'atrio centrale.

A DESTRA:
Il livello principale con i serramenti abbassati che dividono lo spazio aperto in ambienti separati.

À ESQUERDA, EM CIMA:
O corrimão curvilíneo e a escada em caracol acentuam a vista rectangular do pátio interior.

À ESQUERDA, EM BAIXO:
Painéis de vidro transparente e uma cascata de plantas formando um padrão axadrezado rodeiam o átrio central.

À DIREITA:
Piso principal com as persianas corridas, dando origem a novos blocos espaciais que antes eram um único espaço aberto.

SHUTTER HOUSE FOR A PHOTOGRAPHER / TOKYO

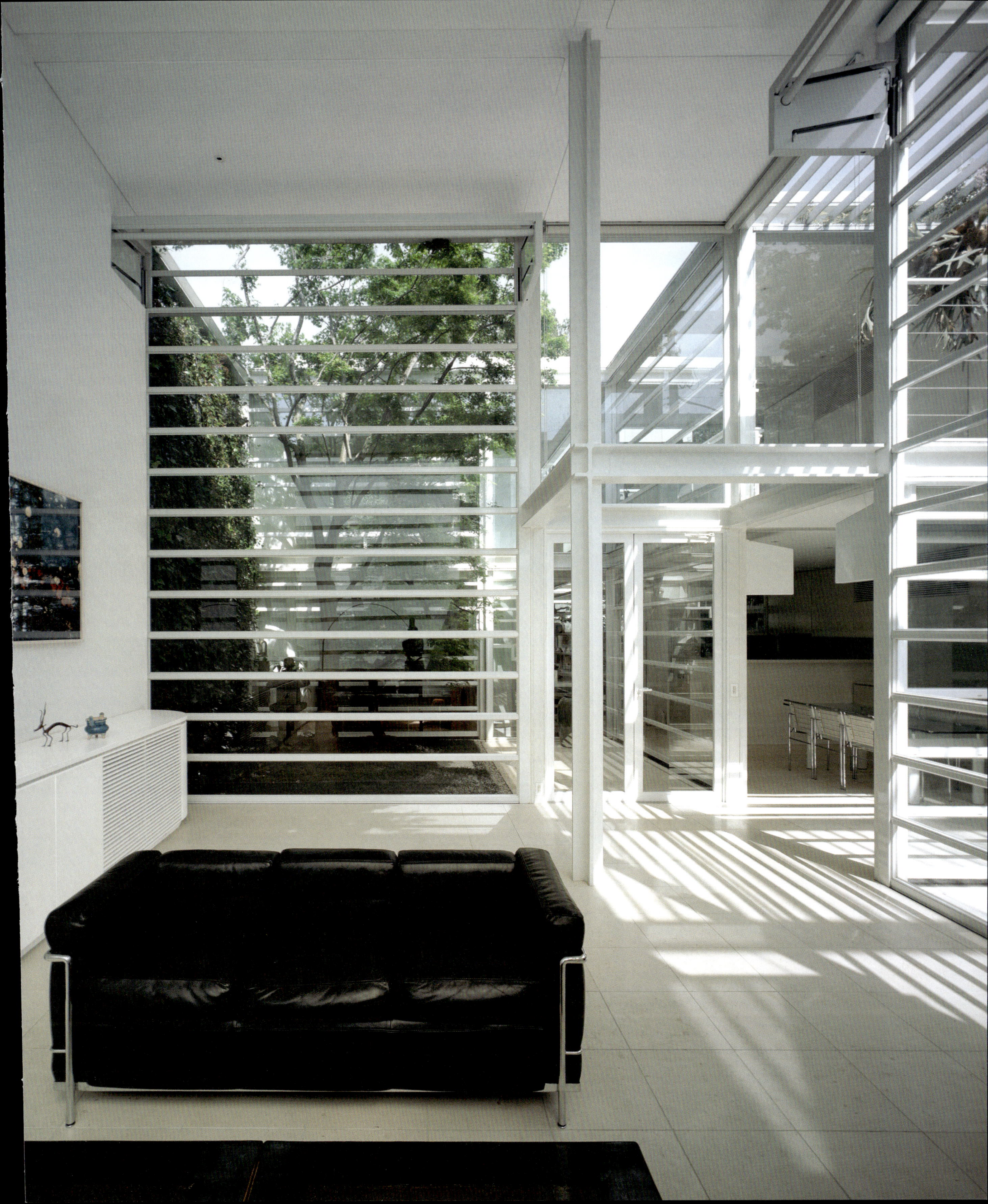

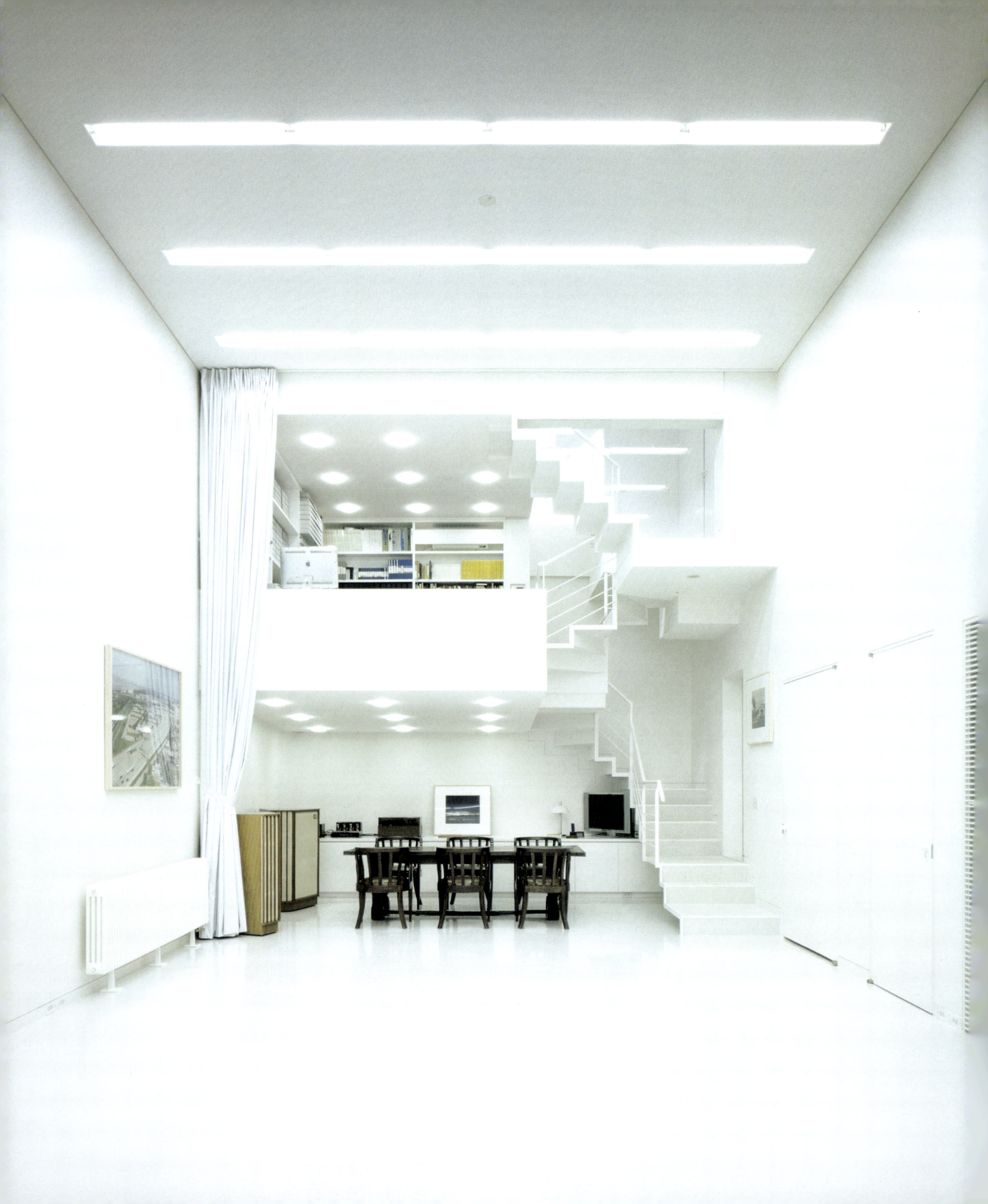

IZQUIERDA:
El propietario tiene un estudio de fotografía en el sótano. Una escalera en zigzag sube a la zona de trabajo del entrepiso, y continúa hasta los niveles superiores de la casa.

DERECHA, ARRIBA:
El concepto unitario de la casa se define en blanco sobre blanco, con algún que otro toque de marrón o negro en muebles y obras de arte a modo de realce.

DERECHA, ABAJO:
Las enredaderas que caen en cascada por el muro del jardín y las ramas de los árboles que se extienden hacia arriba hacen que la naturaleza cobre presencia en la casa.

A SINISTRA:
Il proprietario dispone di uno studio fotografico al volume interrato. Una scala zigzagante ascende allo spazio operativo del livello ammezzato e prosegue verso i piani superiori.

A DESTRA, IN ALTO:
Il tema della casa è il bianco su bianco, con pochi arredi marroni o neri e opere artistiche che fungono da contrasto.

A DESTRA, IN BASSO:
Le viti che scendono lungo il muro del giardino e i rami degli alberi protesi verso l'alto introducono un attributo naturale nella casa.

PÁGINA DA ESQUERDA:
O proprietário tem um estúdio fotográfico no piso -1. Uma escada em ziguezague dá acesso ao espaço de trabalho no mezanino e continua para os pisos superiores da casa.

À DIREITA, EM CIMA:
A casa assenta numa lógica de branco sobre branco, com pormenores castanhos ou pretos do mobiliário e também algumas obras de arte.

À DIREITA, EM BAIXO:
As videiras debruçadas na parede do jardim e os ramos das árvores a esticarem-se na direcção do céu trazem a natureza para dentro de casa.

SHUTTER HOUSE FOR A PHOTOGRAPHER / TOKYO

Natural Strips II

BY MASAKI ENDOH FOR ICHIRO CHINO
TOKYO

No hay un lugar donde quede más patente el reto de diseñar una casa de dimensiones reducidísimas que en la llamada Natural Strips II (rayas naturales II) de Masaki Endoh, finalizada en 2005. La superficie total, de 85m², se divide entre una tienda en la planta baja, un salón-cocina en el segundo piso y un dormitorio en el tercero. Un par de columnas de acero cilindrado curvado atraviesan el centro de la casa, definiendo la ubicación de baños, aseos y un pequeño altar budista. La lavadora, el fax y el teléfono quedan ocultos en rincones que se asemejan a los armarios de un yate. «Los libros pueden sacarse prestados de la biblioteca —afirma Endoh, que añade no sin malicia—: y aunque en la casa hay un frigorífico, puede que en futuro no necesitemos ni siquiera eso, ya que podremos comprar la comida en cualquier supermercado.» Los propietarios de la casa tuvieron que deshacerse de sus libros y de la mayoría de sus pertenencias para vivir en ella. Lo que sí tienen es luz natural, que durante el día entra por todas partes a través de las paredes de policarbonatos dobles, aisladas con paneles acolchados compuestos de botellas de tereftalato de polietileno recicladas. De noche la casa reluce como un farol.

Fachada a la calle, con lamas horizontales galvanizadas, diseñadas para impedir el paso de la luz del sol.

Il fronte stradale, con i frangisole galvanizzati orizzontali pensati per bloccare i raggi del sole.

Frontaria com um sistema de brise-soleil *horizontal galvanizado, concebido para bloquear a luz do sol.*

La casa 'a strisce' II di Masaki Endoh, completata nel 2005, è l'esempio più evidente di come un progetto per un piccolissimo edificio possa rappresentare una vera e propria sfida. La superficie totale è di 85 m², distribuiti tra un negozio al piano terreno, una cucina/soggiorno al secondo livello e una camera al terzo. Una coppia di colonne formate da lastre di acciaio piegate attraversano la parte centrale della casa, definendo l'ubicazione dei bagni e un piccolo altare buddista. Gli angoli per la lavatrice, il fax e il telefono si aprono come fossero armadietti di uno yacht. Secondo Endoh «i libri si possono prendere in prestito in una biblioteca», aggiungendo maliziosamente, «e anche se nella casa c'è un frigorifero, forse in futuro non ne avremo bisogno, perché compreremo solo cibi precotti». I proprietari si sono sbarazzati dei loro libri e di molti altri oggetti per installarsi qui. Quello che non manca affatto è la luce, che filtra all'interno dappertutto grazie alle pareti di policarbonato doppio, isolato con pannelli imbottiti fatti con bottiglie di plastica riciclate. Di notte la casa brilla come una lanterna.

Em nenhum outro edifício está tão evidente o desafio de projectar uma casa muito pequena do que no projecto Natural Strips II de Masaki Endoh, concluído em 2005. Com 85 m² de área útil total, dividida por uma loja no rés-do-chão, sala de estar e cozinha no segundo piso e quarto no terceiro. Um par de colunas de aço chapeado inclinadas percorre o centro da casa, definindo a localização das banheiras, casa de banho e de um pequeno altar budista. Os bancos da máquina de lavar, fax e telefone recolhem-se como compartimentos num iate. «As pessoas podem requisitar livros numa biblioteca», afirma Endoh, acrescentando maldosamente que «embora a casa tenha frigorífico, no futuro podemos nem precisar dele, porque podemos comprar comida numa loja de conveniência». Os proprietários desfizeram-se dos seus livros e da maior parte dos seus bens para viverem aqui. Têm, no entanto, luz a entrar por todas as paredes feitas de policarbonatos duplos, isoladas com painéis almofadados feitos de garrafas de PET reciclado. À noite, a casa reluz como uma lanterna.

IZQUIERDA, ARRIBA:
Las columnas en forma de media luna, hechas con placas de acero curvado, sirven como elemento de soporte de la casa, además de dividir la parte delantera y trasera de las distintas plantas.

IZQUIERDA, ABAJO:
En una de las columnas centrales hay una repisa con un altar budista en miniatura. La casa está rodeada de paneles correderos, hechos de policarbonatos dobles, que permiten el paso de la luz al tiempo que aíslan el espacio.

DERECHA, ARRIBA:
Espacioso dormitorio en la tercera planta. Detrás de la cama se encuentra la zona del baño, enmarcada por un cristal a un lado y por las paredes curvas de las columnas centrales.

DERECHA, ABAJO:
Cocina en la segunda planta. Los paneles correderos situados tras la encimera ocultan los espacios de almacenaje.

A SINISTRA, IN ALTO:
Le colonne a forma di falce di luna, composte da lastre di acciaio piegate, sostengono la casa e inoltre separano le parti anteriori e posteriori dei vari livelli.

A SINISTRA, IN BASSO:
Uno scaffale inserito in una delle colonne centrali accoglie un altare buddista in miniatura. I pannelli scorrevoli in policarbonato doppio racchiudono il volume ottimizzando l'illuminazione e la climatizzazione.

A DESTRA, IN ALTO:
Ariosa camera al terzo piano. Dietro la zona notte, il bagno è delimitato da una vetrata da una parte e dalle superfici curve delle colonne centrali.

A DESTRA, IN BASSO:
La cucina al secondo livello. I pannelli scorrevoli dietro al bancone nascondono degli spazi ripostiglio.

À ESQUERDA, EM CIMA:
As colunas em forma de quarto crescente, feitas de placas de aço moldadas, sustentam a casa e dividem os pisos em parte da frente e parte de trás.

À ESQUERDA, EM BAIXO:
Numa das colunas centrais, existe uma prateleira com um altar budista em miniatura. Os painéis deslizantes, feitos de policarbonatos duplos, circundam a casa, deixando entrar a luz e isolando o edifício.

À DIREITA, EM CIMA:
Quarto amplo no terceiro piso. Atrás da cama, encontra-se a casa de banho, com uma frente de vidro e as paredes curvas das colunas centrais.

À DIREITA, EM BAIXO:
A cozinha no segundo piso. Os painéis deslizantes atrás da bancada ocultam espaços de arrumação.

NATURAL STRIPS II / TOKYO

191

Glosario / Glossario / Glossário

AJI-ISHI	Granito de gran calidad procedente de Aji, al norte de la isla de Shikoku. Dicha zona, limítrofe con Mure, es conocida por sus lápidas de primera calidad.	Granito di gran qualità della zona di Aji, nella punta settentrionale dell'isola di Shikoku, vicino a Mure. L'area è nota per le pregiate lapidi fabbricate con questo tipo di roccia.	Granito de alta qualidade de Aji, no norte da ilha de Shikoku, na fronteira com Mure. A região é famosa pelas pedras tumulares de alta qualidade feitas a partir desta pedra.
AKARI	Faroles de papel diseñados por Isamu Noguchi, famoso sobre todo por sus esculturas de piedra a gran escala.	Lanterne di carta disegnate da Isamu Noguchi, artista famoso per le sue grandi sculture in pietra.	Lanternas de papel concebidas por Isamu Noguchi, conhecido pelas suas esculturas de pedra de grandes dimensões.
ANDON	Lámparas revestidas de papel, características por su luz envolvente y por la diversidad de sus diseños. Entre ellos destacan dos formas habituales: *kaku-andon*, con una estructura cuadrada sobre dos patas, y *maru-andon*, de estructura cilíndrica.	Lampade con paralume di carta, apprezzate per la loro luce soffusa e dalla grande varietà di modelli. I due tipi più comuni: *kaku-andon*, con struttura squadrata e due steli d'appoggio e *maru-andon*, con struttura cilindrica.	Candeeiros cobertos de papel, notórios pela iluminação fluida e pela variedade de designs. Os dois formatos mais comuns são o *kaku-andon*, uma estrutura quadrada elevada sobre dois pés, e o *maru-andon*, uma estrutura cilíndrica.
BUNRAKU	Teatro tradicional de marionetas, creado en 1684 en Osaka, que se acompaña de unos cantos característicos *(joruri)* y de música de shamisen (instrumento tradicional japonés de tres cuerdas).	Teatro di marionette tradizionale, nato nel 1684 a Osaka, accompagnato da canti particolari *(joruri)* e shamisen.	Teatro de marionetas tradicional, fundado em 1684 em Osaka, acompanhado por cânticos característicos *(joruri)* e samisen.
BYOBU	Biombos decorados con pinturas o caligrafía que se emplean para separar estancias. Pueden componerse de dos, cuatro, seis u ocho paneles.	Paraventi utilizzati per separare diversi ambienti con due, quattro, sei o otto pannelli dipinti o decorati con elementi calligrafici.	Biombos articulados, decorados com pinturas ou caligrafia, que são usados como divisórias, com dois, quatro, seis ou oito painéis.
CERÁMICA DE BIZEN / BIZEN-YAKI / CERÂMICA DE BIZEN	Cerámica de gres sin esmaltar fabricada desde el siglo XII en la población de Imbe (en la zona antes conocida como Bizen), situada en la prefectura de Okayama.	Ceramica priva di invetriatura prodotta sin dal XII secolo nella città di Imbe (nella zona denominata anticamente Bizen), nella prefettura di Okayama.	Cerâmica não vidrada feita na vila de Imbe (numa região outrora conhecida por Bizen), na prefeitura de Okayama, desde o século XII.
CERÁMICA DE TAMBA / TAMBA-YAKI / CERÂMICA DE TAMBA	Cerámica de gres ligeramente esmaltada o sin esmaltar procedente de la región de Tamba, al oeste de Kioto. Este tipo de cerámica se emplea tradicionalmente para hacer vasijas y jarrones.	Ceramiche, di solito giare o vasi, a invetriatura bassa o nulla della zona di Tamba, ad ovest di Kyoto.	Peças de cerâmica, levemente vidradas ou não vidradas, da região de Tamba, a oeste de Quioto. As peças de cerâmica de Tamba são normalmente utilizadas como potes e jarras.
CHAKI	Caja para guardar el té verde en polvo, hecha normalmente de madera lacada.	Barattolo per il tè verde in polvere, fabbricato generalmente in legno laccato.	Lata de chá para armazenar chá verde em pó, muitas vezes feita de madeira lacada.
CHASEN	Batidor de té hecho de bambú, con un extremo dividido en finas tiras. Sirve para batir el té verde en polvo y el agua caliente en un cuenco de té hasta que la mezcla hace espuma.	Frusta composta da un pezzo di bambù con un'estremità tagliata in sottilissime strisce. Viene utilizzata per far spumare il tè verde in polvere e l'acqua calda in una ciotola da tè.	Batedeira de chá feita de um pedaço de bambu, com uma das pontas dividida em várias tiras finas. Serve para bater o chá verde em pó com a água quente numa tigela até fazer espuma.
CHASHAKU	Utensilio en forma de cuchara empleado para pasar el té en polvo del *chaki* al cuenco de té.	Utensile simile a un cucchiaio utilizzato per prendere il tè dal *chaki* e metterlo nella ciotola da tè.	Utensílio semelhante a uma colher utilizado para levar o chá em pó da *chaki* para o bule.

Glosario / Glossario / Glossário

CHAWAN	Cuenco de cerámica empleado en la ceremonia del té, muy apreciado por los coleccionistas de arte y los profesionales de esta ceremonia.	Ciotola di ceramica utilizzata per la cerimonia del tè, assai apprezzata dai collezionisti d'arte e dagli amanti di questa pratica.	Tigela cerâmica utilizada na cerimónia do chá, altamente cobiçada por coleccionadores de arte e praticantes da cerimónia do chá.
DANTSU	Alfombras tejidas a mano conocidas por sus diseños característicos con multitud de colores. Son originarias de China, Turquía y Oriente Próximo.	Tappeti tessuti a mano originari della Cina, della Turchia e del Medio e Vicino Oriente, rinomati per i loro caratteristici disegni e la ricchezza di colori.	Originários da China, Turquia, Médio e Próximo Oriente, estes tapetes feitos à mão são conhecidos pelos seus padrões e pelo intenso colorido.
DOMA	Suelo de tierra batida o dura, empleado tradicionalmente como pavimento de cocinas y puntos de entrada de uso diario. En la zona denominada *doma* solía haber una *kamado* o cocina de arcilla.	Pavimentazione in terra battuta o pressata utilizzata di solito per la cucina e per l'ingresso. In genere nella *doma* si trovavano gli utensili di argilla *(kamado)* per cucinare.	Pavimento de terra batida ou comprimida, associado à cozinha e aos pontos de entrada para utilização quotidiana. Normalmente, o *doma* contém o forno cerâmico *(kamado)* para cozinhar.
ENGAWA	Galería estrecha de madera situada al borde una habitación con *tatami*, parecida al porche o la veranda occidentales. Se trata siempre de un espacio techado que puede estar completamente abierto al exterior, o bien cerrado por medio de puertas correderas.	Piattaforma stretta di legno all'estremità di una camera con *tatami*, simile al portico o alla veranda occidentale. Dispone di copertura, ma può essere completamente aperta o con porte scorrevoli.	Plataforma de madeira estreita na extremidade de uma sala com *tatami*, semelhante ao alpendre ocidental. Embora seja coberta, pode ser completamente aberta ou equipada com portas deslizantes.
ENSOU	Ventana circular.	Finestra rotonda.	Janela circular.
FUROSHIKI	Literalmente, «trapo para el baño». Se trata de un trozo de tela cuadrado empleado originariamente durante el periodo Edo (1603–1868) para envolver con él los artículos de baño. Hoy en día se utiliza para envolver o transportar todo tipo de objetos.	Letteralmente 'panno da bagno'. È una tela con cui durante l'epoca Edo (1603–1868) si avvolgevano gli oggetti per il bagno, utilizzata oggi per trasportare o avvolgere ogni tipo di articolo.	Traduzido literalmente, significa «pano para o banho». É um pedaço de tecido quadrado originário do período Edo (1603–1868) que era usado para embrulhar os artigos de banho. Hoje em dia, é utilizado para transportar ou embrulhar todo o tipo de artigos.
FUSUMA	Puerta corredera opaca, que a diferencia de la *shoji* se reviste de papel grueso, seda u otro tipo de tela. A menudo sirven como superficie para pinturas o motivos caligráficos.	Porta scorrevole opaca; a differenza della *shoji*, è rivestita di carta spessa, seta o altri tipi di stoffa, decorata spesso con dipinti o calligrafie.	Porta deslizante opaca, por oposição à *shoji*, revestida com papel grosso, seda ou outros tipos de tecido. Serve, muitas vezes, como superfície para pintura ou caligrafia.
GASSHO-ZUKURI	Literalmente, «manos unidas». Tejado triangular construido con un entramado de madera, que recibe el nombre de *gassho* debido a que recuerda a unas manos unidas en actitud de oración.	Letteralmente, 'mani giunte'. Copertura triangolare formata da travi in legno incrociate. Viene chiamata *gassho* perché ricorda le mani giunte nell'atto della preghiera.	Traduzido literalmente, significa «mãos unidas». É um telhado triangular feito de madeiras cruzadas, designadas por *gassho* por causa das semelhanças com as mãos unidas para a oração.
GENKAN	Galería o porche de acceso a una vivienda o al vestíbulo principal de un templo. A menudo incluye en la entrada un suelo de tierra o embaldosado, así como un tablón bajo o una piedra plana donde los visitantes pueden dejar sus zapatos antes de pasar al vestíbulo propiamente dicho.	Galleria o veranda d'accesso di una casa o sala principale di un tempio. Spesso la pavimentazione dell'entrata è composta da mattonelle o terra, con un ampio ripiano basso o una pietra piana per togliersi le scarpe prima di entrare nella sala d'accesso vera e propria.	Galeria de entrada ou alpendre de uma casa, ou corredor principal de um templo. Costuma ter um pavimento de ladrilhos ou terra à entrada, com uma tábua baixa e larga ou uma pedra chata onde os visitantes deixam os sapatos antes de subirem para o corredor de entrada propriamente dito.

Glosario / Glossario / Glossário

GETA

Calzado tradicional compuesto de una tabla de madera y dos tiras dispuestas en forma de V a modo de chanclas, con dos piezas de madera que sirven para elevar la suela.

Tradizionale calzatura con una cinghia infradito a V e una suola di legno poggiante su due stecche.

Calçado tradicional com sola de madeira plana assente sobre duas barras de madeira e uma correia em «V» que encaixa nos dedos dos pés.

HAIDEN

Sala de culto de un templo sintoísta, situada normalmente justo enfrente del santuario principal. Suele ser el lugar reservado para la celebración de ofrendas y actos religiosos.

Atrio dei templi scintoisti. Di solito è ubicato direttamente nella parte frontale del santuario ed è spesso il luogo in cui si svolgono le attività religiose e si pongono le offerte.

Sala de culto num templo Shinto, situada normalmente mesmo em frente ao santuário principal. É, muitas vezes, palco de rituais e oferendas.

HAKO-HIBACHI

El *hibachi*, literalmente «cuenco de fuego», es un brasero de carbón empleado como fuente de calor. *Hako* (caja) alude a su forma cuadrada.

L'*hibachi*, letteralmente 'ciotola per il fuoco', è un braciere a carbone utilizzato come fonte di calore. La parola *hako* fa riferimento alla sua forma squadrata.

Hibachi, que traduzido literalmente significa «taça de fogo», é uma braseira de carvão que funciona como fonte de calor. *Hako* (caixa) faz referência à forma quadrada.

HINOKI

Ciprés cuya madera de color claro y grano recto es sumamente apreciada.

Tipo di cipresso chiaro e assai pregiato con venature regolari.

Cipreste, uma madeira clara de veio rectilíneo muito apreciada.

HONDEN

Santuario principal de un templo sintoísta, en cuyo interior alberga el *shintai*, objeto que contiene la esencia espiritual de la deidad.

Santuario principale dei templi scintoisti che accoglie lo *shintai*, ovvero il contenitore dell'essenza spirituale della divinità.

Principal santuário de um templo Shinto, que alberga o *shintai*, o objecto que contém a essência espiritual da divindade.

INUYARAI

Paramento curvo de unos 60 cm de altura hecho de tiras de bambú dobladas, el cual se coloca en la parte inferior de paredes y muros como protección contra la suciedad y los golpes.

Recinzione curva di circa 60 cm d'altezza composta da strisce di bambù piegate, applicata lungo le parti inferiori degli edifici e delle pareti per proteggerle dai colpi e dalla sporcizia.

Barreiras curvas com cerca de 60 cm de altura feitas de ripas dobradas de bambu, usadas para proteger da sujidade ou de danos as partes mais baixas dos edifícios e das paredes.

IRORI

Hogar abierto a ras de suelo, empleado como fuente de calor y lugar para cocinar y preparar el té. En las casas de campo constituía el centro de la vida cotidiana.

Focolare a terra utilizzato per riscaldare e per cucinare o preparare il tè. Nelle case coloniche era il centro della vita quotidiana.

Lareira aberta incrustada no chão, que fornece calor e um lugar para cozinhar ou fazer chá. Nas casas de campo, era o ponto central da vida quotidiana.

ISHI-DORO

Faroles de piedra (también denominados *toro*) empleados originariamente como ofrendas en templos y santuarios. Desde el siglo XVI se utilizan en los jardines dedicados a la ceremonia del té, y hoy en día son una característica habitual presente en todo tipo de jardines.

Lanterne di pietra (dette anche *toro*) utilizzate in origine come offerte nei templi e nei santuari. A partire dal XVI secolo vengono usate nei giardini per la cerimonia del tè e attualmente sono un elemento comune nei giardini di ogni tipo.

Lanternas de pedra (também designadas por *toro*) que começaram por ser usadas como oferendas em templos e santuários. Desde o século XVI, começaram a ser utilizadas em jardins da cerimónia do chá e, hoje, são uma constante em jardins por toda a parte.

JODAN

Tarima de madera presente en las residencias aristocráticas, donde constituía un lugar de honor reservado para los invitados de alto rango. Hoy en día suele ser una prolongación del *tokonoma*, con repisas donde se exhiben obras de arte.

Parte della pavimentazione delle case aristocratiche elevata di un gradino e riservata alle persone d'alto rango. Oggi è spesso un'estensione della *tokonoma* con ripiani su cui poggiano oggetti artistici.

Uma parte sobrelevada do pavimento em casas aristocráticas, reservada para pessoas de posição social elevada. Hoje em dia, é muitas vezes usado como extensão da *tokonoma* com prateleiras que ostentam obras de arte.

Glosario / Glossario / Glossário

KAWARA	Tejas hechas de arcilla cocida originarias de Corea e introducidas en Japón durante el siglo VI a través del budismo.	Tegole di argilla cotta giunte in Giappone dalla Corea durante il VI secolo assieme al buddismo.	Telhas de barro cozido que chegaram ao Japão por influência da Coreia durante o século VI, juntamente com o Budismo.
KAYA	Material utilizado como techumbre, consistente en *susuki*, término que se traduce normalmente como «junco de *miscantus*».	Paglia di *susuki*, pianta erbacea tradotta spesso come mischantus, utilizzata per coperture.	Material para telhados de colmo, feito de erva *susuki* cortada, muitas vezes traduzido como bambu chinês.
KEKKAI	Barrera simbólica que bloquea el paso a un espacio privado.	Barriera simbolica indicante che non si può procedere oltre.	Barreira simbólica que indica que não devemos avançar mais.
KURA	Almacén ignífugo de paredes gruesas donde se guardan objetos de valor. La estructura de madera está revestida de barro y enlucida con una capa de yeso.	Magazzino ignifugo con pareti spesse in cui si custodiscono merci preziose. La struttura in legno viene coperta con fango e poi intonacata.	Armazém de paredes grossas à prova de fogo usado para guardar objectos valiosos. A estrutura de madeira está coberta de lama e revestida com uma camada de gesso.
MACHIYA	Residencia de comerciantes. En general daba a la calle y cumplía una doble función como vivienda y taller, despacho o tienda, que se situaba normalmente en la parte delantera de la casa.	Dimora urbana di commercianti. Di solito la casa affacciava sulla strada e includeva un laboratorio, un ufficio o un negozio normalmente ubicato nella parte frontale dell'edificio.	Residência particular de um mercador. Normalmente, a casa dava para a via pública e combinava a residência com uma oficina, escritório ou loja, que ficava na parte da frente da casa.
MARUMADO	Ventana circular de la que existen numerosas variedades: las hay con *shoji*, con celosías de cenefa o de cristal.	Finestra circolare di diverse fatture: con *shoji*, i divisori scorrevoli di carta, a griglia e anche di vetro.	Janela circular da qual existem muitas variedades: algumas com *shoji*, com persianas decoradas, ou outras de vidro.
MINKA	Genérico para designar una casa rural tradicional.	Termine generico per le case rurali tradizionali.	Termo genérico para habitações rurais tradicionais.
MISU	Tipo de *sudare* empleado en santuarios, palacios y residencias aristocráticas.	Una variante dei *sudare* utilizzati in templi, palazzi e residenze aristocratiche.	Um tipo de *sudare* que se usava em templos, palácios e residências aristocráticas.
MUSHIKO-MADO	Ventana de listones, horadada a menudo en una pared de yeso situada en la parte superior de un edificio a fin de iluminar habitaciones o desvanes.	Finestra a griglia, spesso ricavata da una parete di gesso, nella parte superiore di un edificio per l'illuminazione di stanze o soffitte.	Janela ranhurada, muitas vezes numa parede de gesso, localizada na parte superior de um edifício para iluminar salas, quartos ou águas-furtadas.
MUSHIRO	Esteras de tejido rugoso para sentarse, dispuestas normalmente en el suelo que rodea un *irori*.	Stuoie di tessitura grezza su cui sedersi, di solito attorno a un *irori*.	Tapetes de palha grosseiros para sentar, normalmente em volta da *irori*.
NABESHIMA	Alfombras tejidas a mano de estilo chino, típicas del feudo de Nabeshima, en Kyushu.	Stuoie tessute a mano in stile cinese, originarie del feudo di Nabeshima, nell'isola di Kyushu.	Tapetes feitos à mão ao estilo chinês no feudo de Nabeshima em Kyushu.
NOREN	Estandarte que suele colgarse en la entrada de edificios, cocinas o talleres. Consiste en dos o más tiras de tela cosidas tan solo por arriba para facilitar el paso entre ellas.	Tenda appesa all'ingresso di edifici o all'entrata di cucine e officine. Nella parte superiore, due o più strisce di tessuto vengono cucite insieme facilitando il passaggio all'interno.	Pendão existente nas entradas de um edifício ou à entrada da cozinha e da oficina. É constituído por duas ou mais faixas de tecido ou outro material, cosido apenas na parte de cima.

Glosario / Glossario / Glossário

ONSEN	Balneario volcánico de aguas calientes naturales. Se trata fundamentalmente de unas termas con hospedaje (en algunos casos de lujo) y gozan de gran popularidad como retiros vacacionales.	Sorgenti termali di acqua calda di natura vulcanica. Sono fondamentalmente dei bagni pubblici con camere (anche di gran lusso), molto popolari come luoghi di villeggiatura.	Termas de água quente natural de origem vulcânica. Basicamente, são banhos públicos com alojamento (por vezes muito luxuoso), que constituem retiros de férias muito apetecidos.
ROTENBURO	Baño al aire libre en un *onsen*.	Vasca all'aperto di un *onsen*.	Banheira exterior em *onsen*.
RYOKAN	Posadas cuyos huéspedes se alojan en interiores tradicionales que recrean el estilo de vida del antiguo Japón: estancias con suelo de *tatami*, *futon* (colchón), *yukata* (kimono) y termas.	Alberghi con interni tradizionali arredati secondo l'antico stile di vita giapponese: camere ricoperte di *tatami*, materassi *futon*, *yukata* (kimono di cotone) e bagni caldi.	Estalagens onde os hóspedes ficam alojados, em interiores tradicionais, que permitem saborear o antigo modo de vida japonês: tapetes *tatami*, colchões *futon*, *yukata* (quimono de algodão) e banhos quentes.
SHOIN	Estilo empleado en mansiones aristocráticas del periodo Momoyama (1574–1603) y ampliadas en épocas posteriores, caracterizado por la presencia de un *tokonoma*.	Stile tipico delle mansioni aristocratiche dell'epoca Momoyama (1574–1603) e in seguito riadattato, caratterizzato da alcove ornamentali o *tokonoma*.	Estilo utilizado para mansões aristocráticas no período Momoyama (1574–1603) e refinado nos períodos seguintes, caracterizado por uma *tokonoma*.
SHOJI	Puertas correderas consistentes en un armazón de madera cubierto de papel translúcido por un lado de la estructura.	Porte scorrevoli con struttura in legno rivestite di carta traslucida da una parte del telaio.	Portas deslizantes com estrutura de madeira revestidas a papel transparente de um dos lados.
SOBA	Trigo sarraceno. Tiene múltiples aplicaciones, entre ellas la obtención de unos fideos largos similares a los espaguetis.	Farina di grano saraceno destinata alla preparazione di diversi prodotti, tra cui una specie di vermicelli.	Trigo-mourisco. É usado para diversas finalidades, incluindo uma massa parecida com esparguete.
SUDARE	Estores hechos de finas tiras de bambú entrelazadas, adornados en ocasiones con un ribete de seda o brocado. En verano se cuelgan fuera para proteger el interior de los rayos del sol.	Tende formate da sottili strisce di bambù, a volte bordate di seta o broccato. In estate vengono appese all'esterno come protezione dai raggi del sole.	Persianas feitas de ripas de bambu finas, por vezes guarnecidas com seda ou brocado. Durante o Verão, são penduradas do lado de fora da janela para impedirem a entrada dos raios de sol.
SUGI	Criptomeria, miembro de la familia del ciprés. Es un árbol de tronco recto que puede alcanzar gran altura; de hecho, existen ejemplares centenarios de hasta 70 metros de alto.	Cryptomeria, o cedro giapponese. È una conifera dal fusto dritto ed elevato. Le piante più longeve possono raggiungere i 70 metri d'altezza.	Criptométrica, uma árvore da família dos ciprestes. Cresce a direito e atinge grandes alturas. As árvores muito antigas chegam a atingir os 70 metros.
SUKIYA	Estilo de construcción ligera e imaginativa influida por la ceremonia del té que ha pasado a aplicarse en la arquitectura doméstica.	Stile di costruzione fantasiosa e leggera destinata alle cerimonie del tè che si è esteso all'architettura residenziale.	Um estilo de construção fantasioso e leve, influenciado pelo chá, que se estendeu à arquitectura das casas.
SUZURI-BAKO	Estuche donde se guarda la tinta, el pincel y el tintero de piedra. El término *suzuri* hace referencia a la piedra sobre la que se muelen las barritas de tinta de carbón *(sumi)*.	Contenitore per inchiostro, pennello e *suzuri*, una pietra utilizzata per produrre l'inchiostro macinando barre di carbone.	Caixa para guardar a tinta, o pincel e a pedra-tinteiro. *Suzuri* refere-se à pedra-tinteiro usada para triturar pauzinhos de tinta *sumi* (carvão).

Glosario / Glossario / Glossário

TATAMI — Estera de unos 3 cm de grosor, con una superficie lisa hecha de *igusa* (paja densamente tejida) dispuesta sobre una base de paja. Los extremos suelen llevar un ribete de tela oscura, aunque en espacios lujosos pueden ser de brocado. Antiguamente la gente se sentaba en finas esteras colocadas sobre suelos de madera; solo las personas de alto rango tomaban asiento en esteras elevadas. En la actualidad se cubre de *tatami* toda la superficie de un espacio. Existen medidas estandarizadas de *tatami*, y en todos los casos el lado corto mide la mitad de la longitud del lado largo. Los *tatami* han tenido un gran impacto en la modularidad de la arquitectura tradicional.

Stuoie di circa 3 cm di spessore dalla superficie liscia, fabbricate tessendo fittamente i giunchi di una pianta detta *igusa* su una base di paglia. Di solito ai lati presentano una bordatura di stoffa nera che nelle versioni più lussuose può essere di broccato. In origine si era soliti sedere su sottili tappetini adagiati sulla pavimentazione in legno; solo le persone d'alto rango potevano sedere su stuoie più alte. Attualmente, i *tatami* coprono l'intera superficie di un ambiente. Hanno delle dimensioni standard e il lato più corto deve misurare sempre la metà dell'altro in lunghezza. I *tatami* hanno avuto una grande influenza sulla modularità dell'architettura tradizionale.

Tapete com aproximadamente 3 cm de espessura, com uma superfície suave feita de erva *igusa* entrelaçada sobre uma base de palha. Para unir os dois lados, usa-se um tecido escuro, mas, em ambientes mais luxuosos, o remate pode ser feito de brocado. Antigamente, as pessoas sentavam-se em tapetes finos dispostos sobre pavimentos de madeira e só as pessoas de posição social elevada se sentavam em tapetes sobrelevados. Hoje em dia, os *tatami* cobrem todo o pavimento e têm dimensões normalizadas: o lado mais curto mede metade do comprimento do lado mais longo. Os *tatami* tiveram um grande impacto na modularidade da arquitectura tradicional.

TETSUBIN — Tetera de hierro, derivada de la *sencha* china, un tipo de ceremonia del té en la que se emplean hojas de té en lugar de té en polvo.

Teiera di ferro originaria della *sencha* cinese, un tipo di cerimonia del tè che usa le foglie al posto della polvere.

Bule de ferro, baseado no *sencha chinês*, um tipo de cerimónia do chá que usa folhas de chá em vez de chá em pó.

TOKONOMA — Pequeño altar elevado sobre el nivel del suelo. Antiguamente era un lugar reservado para que se sentasen los invitados de alto rango, pero con el tiempo se ha convertido en un espacio donde exponer obras de arte, como rollos colgantes.

Piccola alcova elevata al di sopra della pavimentazione, su cui sedevano originariamente gli ospiti d'alto rango e utilizzata in seguito per mettere in mostra oggetti artistici come rotoli dipinti.

Pequena alcova acima do nível do chão. Antigamente destinava-se a convidados de posição social elevada, mas acabou por se tornar um lugar de exposição de obras de arte como rolos pendentes.

TSUBONIWA — Literalmente, «jardín en una botella», aludiendo a pequeños jardines interiores.

Letteralmente 'giardino in bottiglia'. È un piccolo giardino in un cortile interno.

Traduzido literalmente, significa «jardim num vaso», aludindo aos pequenos jardins interiores.

TSUKUBAI — Literalmente, «pila encorvada», así llamada debido al hecho de que hay que encorvarse para utilizarla. Se trata de una pila de agua purificadora (elemento característico de un jardín de té) donde uno se lava las manos y la boca antes de entrar a la estancia dedicada a la ceremonia del té.

Letteralmente 'catino incurvato', chiamato così perché ci si deve chinare per utilizzarlo. È la vasca che si trova in un giardino da tè utilizzata per purificarsi lavandosi le mani e la bocca prima di entrare nella sala della cerimonia.

Traduzido literalmente, significa «bacia de agachamento», pois precisamos de nos agachar para a utilizar. É uma bacia de purificação existente nos jardins do chá que se usa para lavar as mãos e a boca antes da entrada numa sala da cerimónia do chá.

YUKIMI-SHOJI — Literalmente, «*shoji* con vistas a la nieve». Se trata de una *shoji* con una pieza inferior extraíble o simplemente un hueco recortado que permite contemplar la vista exterior. Dicha abertura se tapa normalmente con un cristal.

Letteralmente '*shoji* per vedere la neve'. È una porta *shoji* con la parte inferiore scorrevole, o semplicemente tagliata, che permette di osservare dall'altra parte. Di solito tale parte inferiore è vetrata.

Traduzido literalmente, significa «*shoji* para ver a neve». Uma *shoji* com um elemento inferior que desliza, ou é recortado, para mostrar o que está do outro lado. Normalmente, a secção aberta é vidrada.

ZASHIKI — Sala cubierta de *tatami* empleada para recibir visitas, decorada normalmente con un *tokonoma*.

Sala di ricevimento coperta di *tatami* e riservata agli ospiti. Normalmente presenta un'alcova *tokonoma*

Sala de recepções com *tatami*, reservada a convidados, que normalmente tem uma *tokonoma*.

Direcciones / Indirizzi / Endereços

ARCHITECTS

TADAO ANDO ARCHITECT & ASSOCIATES
5-23-2 Toyosaki
Kita-ku, Osaka 531-0072
PHONE: +81 6 6375 1148
FAX: +81 6 6374 6240

SHIGERU BAN ARCHITECTS
5-2-4 Matsubara
Setagaya-ku, Tokyo 156-0043
PHONE: +81 3 3324 6760
FAX: +81 3 3324 6789
www.shigerubanarchitects.com

MASAKI ENDOH
EDH ENDOH DESIGN HOUSE
#101, 2-13-8, Honmachi,
Shibuya-ku, Tokyo 151-0071
PHONE: +81 3 3377 6293
FAX: +81 3 3377 6293

DAIGO ISHII + FUTURE-SCAPE ARCHITECTS
Yahagi Building 401
1-19-14 Yoyogi
Shibuya-ku, Tokyo 151-0053
PHONE: +81 3 5350 0855
FAX: +81 3 5350 0854
www.future-scape.co.jp

KENGO KUMA & ASSOCIATES
2-24-8, Minami-Aoyama
Minato-ku, Tokyo 107-0062
PHONE: +81 3 3401 7721
FAX: +81 3 3401 7778
www.kkaa.co.jp

PROFESSOR YOSHIFUMI NAKAMURA
3-45-4 Okusawa, 3rd Floor
Setagaya-ku, Tokyo 158-0083
PHONE: +81 3 5754 3222
FAX: +81 3 5754 3223

EIZO SHIINA & ASSOCIATES
4-6-7 Seijo
Setagaya-ku, Tokyo 157-0066
PHONE: +81 3 3482 8333
FAX: +81 3 3482 7333
www.e-shiina.com

DESIGN

YUKIKO HANAI
Engyo Bld. 7th Floor
7-15-14 Roppongi
Minato-Ku, Tokyo 106-0032
PHONE: +81 3 3404 1876
FAX: +81 3 3405 1047
www.hanai.co.jp

RIEKO KAWABE
Nippon ya kobo
2-4-6-102 Mita
Minato-ku, Tokyo 106-0032
PHONE: +81 3 3452 3111
FAX: +81 3 3452 1146
www.miyabigoto.com

ANTIQUES

YOSHIHIRO TAKISHITA
YOSHIHIRO TAKISHITA HOUSE
5-15-5 Kajiwara
Kamakura-shi 247-0063
PHONE: +81 467 43 1496
FAX: +81 467 43 7338
www.nokosokai.org

RYOKANS

THE TAWARAYA RYOKAN
Fuyacho Anekoji-agaru
Nakagyo-ku, Kyoto 604-8094
PHONE: +81 75 211 5566
FAX: +81 75 211 2204

YOSHIDA SANSO
59-1 Yoshida
Shimooji-cho
Sakyo-ku, Kyoto 606-8314
PHONE: +81 75 771 6125
FAX: +81 75 771 5667
www.yoshidasanso.com

HOSHI ONSEN – CHOJUKAN
650 Nagai
Niiharu-mura
Tone-gun, Gunma-ken 379-1401
PHONE: +81 278 66 0005
FAX: +81 278 66 0003

HOUSES TO RENT

DREAM HOUSE
Contact: Tourist Office Matsunoyama
1212-2 Matsunoyama
Tokamachi-shi, Niigata-ken 942-1492
PHONE: +81 25 596 3134
FAX: +81 25 596 2255
www.matsunoyama.com/dream

HOUSE OF LIGHT
Contact: Accommodation Service
2891 Ueno-Ko
Tokamachi-shi, Niigata-ken 948-0122
PHONE: +81 25 761 1090

IORI NISHIROKKAKU-CHO
105-1 Nishirokkaku-cho
Shinmachi Nishi-iru
Rokkaku-dori
Nagakyo-ku, Kyoto 604-8212
PHONE: +81 75 352 0211
www.kyoto-machiya.com

IORI NISHIOSHIKOJI-CHO
119 Nishioshikoji-cho
Higashinotoin Nishi-iru
Oshikoji-dori
Nagakyo-ku, Kyoto 604-0842
PHONE: +81 75 352 0211
www.kyoto-machiya.com

VISITING

GO'O SHRINE
Gotanji
Naoshima, Kagawa 761-3110
PHONE: +81 87 892 2030
www.naoshima-is.co.jp

SUGIMOTO HOUSE
Contact: Foundation Naraya-Sugimoto Residence
116 Yada-machi
Ayanokoji Nishi-iru
Shimogyo-ku, Kyoto 600-8442
www.sugimotoke.jp

OTHER ENTRIES

Alex Kerr
c/o Iori Corporation
144-6, Sujiya-cho, Takatsuji-agaru
Tominokoji
Shimogyo-ku, Kyoto 600-8061
PHONE: +81 75 352 0211
E-MAIL: info@kyoto-machiya.com
wwww.alex-kerr.com

Masatoshi Izumi
c/o The Isamu Noguchi Garden Museum Japan
3519 Mure, Mure-cho
Kita-gun, Kagawa 761-0121
PHONE: +81 87 870 1500
FAX: +81 87 845 0505

IMPRINT

LOS AUTORES

Alex Kerr, coleccionista de arte, calígrafo y organizador de cursos sobre artes asiáticas tradicionales, ha vivido en Japón y Tailandia desde 1964. Como escritor es conocido por *El Japón perdido* (1996) y *Perros y demonios* (2001). Kathy Arlyn Sokol es una profesional de los medios afincada en Kioto, con experiencia en prensa escrita y periodismo televisivo. Su trabajo como comentarista le ha valido un premio Emmy y colabora como editora en la publicación *Kyoto Journal*. Lleva veintisiete años viviendo en Japón.

EL FOTÓGRAFO

El fotógrafo suizo Reto Guntli, afincado en Zúrich, viaja regularmente por todo el mundo realizando reportajes fotográficos para revistas internacionales. Ha publicado numerosos libros y colaborado con obras de TASCHEN como *Inside Asia* y *Great Escapes Europe*.

LA EDITORA

Angelika Taschen estudió historia del arte y literatura germánica en Heidelberg, donde en 1986 obtuvo el doctorado. Ha editado y publicado numerosas obras sobre arquitectura moderna, fotografía, diseño y arte contemporáneo para TASCHEN, donde trabaja desde 1987.

GLI AUTORI

Scrittore, collezionista d'arte, calligrafo e direttore di programmi di arti asiatiche tradizionali, Alex Kerr vive in Giappone e in Thailandia dal 1964. Tra i suoi titoli più noti: *Il Giappone e la gloria* (1999) e *Dogs and Demons* (2001). Kathy Arlyn Sokol, ex giornalista, è una professionista del settore dei mezzi di comunicazione con studio a Kyoto. Vincitrice di un premio Emmy, commentatrice e redattrice del *Kyoto Journal*, vive in Giappone da ventisette anni.

IL FOTOGRAFO

Il fotografo svizzero Reto Guntli ha il suo studio a Zurigo e viaggia regolarmente per il mondo alla ricerca di nuove immagini per diverse riviste internazionali. Ha pubblicato numerosi libri e ha collaborato con TASCHEN in pubblicazioni come *Inside Asia* e *Great Escapes Europe*.

L'EDITRICE

Angelika Taschen ha studiato storia dell'arte e letteratura tedesca a Heidelberg, conseguendo il dottorato nel 1986. Lavora presso TASCHEN sin dal 1987, dove ha curato e pubblicato svariate opere di architettura, fotografia, design e arte contemporanea.

OS AUTORES

Autor, coleccionador de arte, calígrafo e director de programas de estudos em artes asiáticas tradicionais, Alex Kerr vive no Japão e na Tailândia desde 1964. As suas obras mais conhecidas enquanto escritor são *Lost Japan* (1996) e *Dogs and Demons* (2001). Kathy Arlyn Sokol é uma jornalista radicada em Quioto que fez carreira na imprensa escrita e no jornalismo radiotelevisivo. Narradora galardoada com um Emmy e colaboradora regular do *Kyoto Journal*, vive no Japão há 27 anos.

O FOTÓGRAFO

O fotógrafo suíço Reto Guntli, baseado em Zurique, viaja regularmente pelo mundo fora a tirar fotografias para revistas internacionais. Já publicou diversos livros e contribuiu para publicações da TASCHEN como *Inside Asia* e *Great Escapes Europe*.

A EDITORA

Angelika Taschen estudou História da Arte e Literatura Alemã em Heidelberg, tendo concluído o seu doutoramento em 1986. Desde 1987 trabalha para a TASCHEN e tem editado e publicado vários títulos sobre temas relacionados com a arquitectura, fotografia, design e arte contemporânea.

CUBIERTA ANTERIOR:
Lotus House, de Kengo Kuma o Yoichiro Ushioda, Kamakura

COPERTINA:
Lotus House, di Kengo Kuma o Yoichiro Ushioda, Kamakura

CAPA:
Lotus House, de Kengo Kuma ou Yoichiro Ushioda, Kamakura

CUBIERTA POSTERIOR:
Chiiori, Alex Kerr y Mason Florence, Iya, Tokushima

RETRO DI COPERTINA:
Chiiori, Alex Kerr e Mason Florence, Iya, Tokushima

CONTRACAPA:
Chiiori, Alex Kerr e Mason Florence, Iya, Tokushima

All Calligraphy by Tetsuzan Shinagawa
Originally printed in "Talk to a Stone: Nothingness".
Edited by Mikio Shinagawa. A Joost Elffers Book.
New York, NY

Copyright © 1999 The Shinagawa Foundation and Mikio Shinagawa. With permission of Mikio Shinagawa and Joost Elffers.

© 2006 TASCHEN GmbH
Hohenzollernring 53, D–50672 Köln
www.taschen.com

To stay informed about forthcoming TASCHEN titles, please request our magazine at www.taschen.com/magazine or write to TASCHEN, Hohenzollernring 53, D-50672 Cologne, Germany, contact@taschen.com, Fax: +49-221-254919. We will be happy to send you a free copy of our magazine which is filled with information about all of our books.

Concept, editing and layout by
Angelika Taschen, Cologne
Design by dieSachbearbeiter, Berlin
General Project Management by
Stephanie Bischoff, Cologne
Lithography by Thomas Grell, Cologne
Editorial coordination by Viola Krauß, Cologne
Spanish translation by Ángeles Leiva Morales for
LocTeam, S. L., Barcelona
Italian translation by Quirino Di Zitti for LocTeam, S. L., Barcelona
Portuguese translation by João Carlos Antunes Brogueira for LocTeam, S. L., Barcelona
Typesetting and text editing by LocTeam, S. L., Barcelona

Printed in Italy

ISBN-10: 3-8228-4595-7
ISBN-13: 978-3-8228-4595-0

TASCHEN'S
LIFESTYLE SERIES
Edited by Angelika Taschen

"Tropical elegance: what sets almost all the villas and lodges presented in this volume apart is the naturalness with which inside and out, living space and luxuriant nature in Bali intermingle."
Vogue, Munich on *Living in Bali*

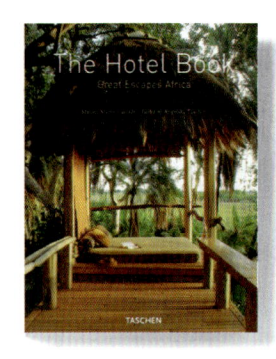

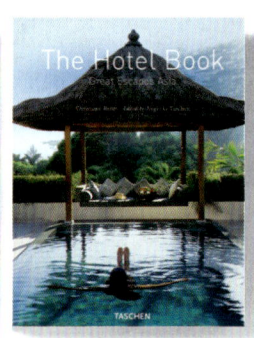

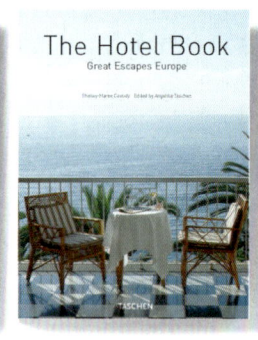

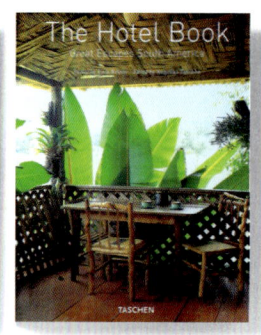

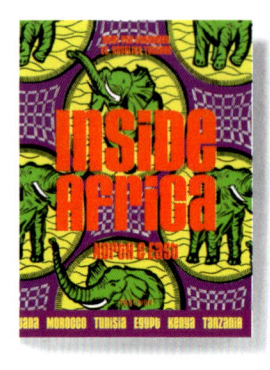

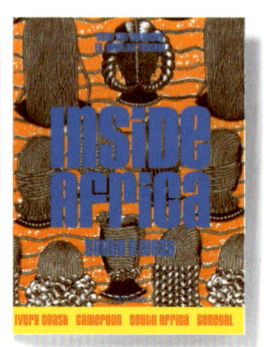

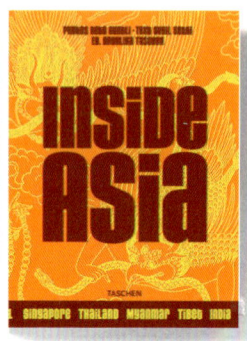

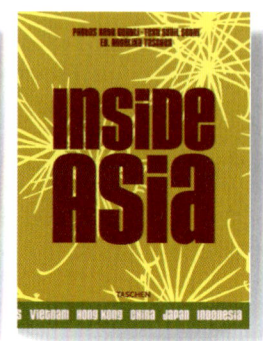

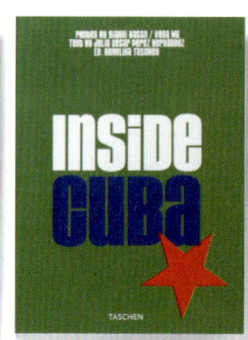

IN PREPARATION:
The Hotel Book
Great Escapes Central America

The Hotel Book
Great Escapes City

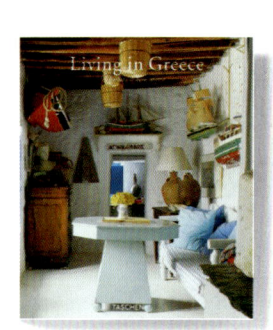

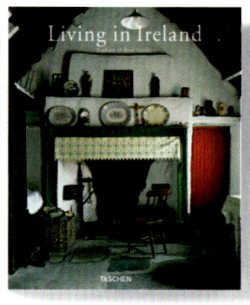

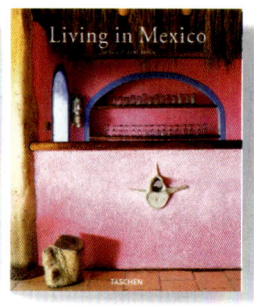

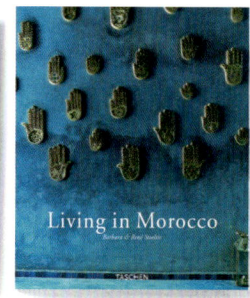

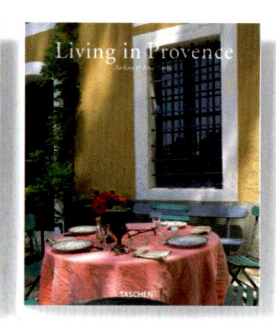

IN PREPARATION:
Inside Italy
Inside Spain
Living in Barcelona
Living in Rome